CAHIERS PHILOSOPHIQUES

n° 159 / 4e trimestre 2019

CAHIERS PHILOSOPHIQUES
est une publication de la Librairie Philosophique J. Vrin
6, place de la Sorbonne
75005 Paris
www.vrin.fr
contact@vrin.fr

Sites internet
www.vrin.fr/cahiersphilosophiques.htm
http://cahiersphilosophiques.hypotheses.org
www.cairn.info/revue-cahiers-philosophiques.htm

Suivi éditorial
MARGOT HOLVOET

Abonnements
FRÉDÉRIC MENDES
Tél. : 01 43 54 03 47 – Fax : 01 43 54 48 18
fmendes@vrin.fr

Vente aux libraires
Tél. : 01 43 54 03 10
comptoir@vrin.fr

La revue reçoit et examine tous les articles, y compris ceux qui sont sans lien avec les thèmes retenus pour les dossiers. Ils peuvent être adressés à : cahiersphilosophiques@vrin.fr. Le calibrage d'un article est de 45 000 caractères, précédé d'un résumé de 700 caractères, espaces comprises.

ISSN 0241-2799
ISSN numérique : 2264-2641
ISBN 978-2-7116-6011-7
Dépôt légal : novembre 2019

SOMMAIRE

DOSSIER
RÊVE ET IMAGINATION : APPROCHES ANTIQUES

5 **Introduction**
Charlotte Murgier et Christelle Veillard

9 **L'imagination dans les tragédies de Sénèque**
Illusions des sens, fantasmes, rêves
Jean-Pierre Aygon

27 **Espoir et empire dans le *Songe de Scipion***
Jed W. Atkins

43 **Le rêve et l'imagination dans la *Consolatio Philosophiae* de Boèce**
Obstacles ou adjuvants dans la reconquête du bien suprême ?
Sophie Van der Meeren

61 **Qui rêve ?**
Songes, visions et éthique chez Augustin
Isabelle Koch

77 **Les rêves chez les épicuriens**
Voula Tsouna

ÉTUDES

95 **Aspects du temps dans l'Antiquité**
Jean-Louis Poirier

111 **L'hérédité biologique entre métaphore et théorie**
Gaëlle Pontarotti

PARUTION

127 **Emmanuelle Jouët-Pastré,**
Le plaisir à l'épreuve de la pensée : Lecture du* Protagoras, *du* Gorgias *et du* Philèbe *de Platon

DOSSIER

Rêve et imagination : approches antiques

INTRODUCTION

Christelle Veillard et Charlotte Murgier

Archétype de la représentation fausse voire hallucinatoire, le rêve joue, par sa négativité même, un rôle prépondérant dans l'identification des différents événements mentaux qui peuvent se produire dans notre esprit. L'argument du rêve, tel qu'il est utilisé par Descartes, pose justement la question suivante : comment puis-je savoir que mon existence est réelle, que le monde même est réel, et que je ne suis pas en train de rêver ? Comment puis-je distinguer entre l'image suscitée dans mon âme par un objet réel (ce que l'on appellera représentation), l'image qui est le fruit du travail autonome d'un esprit éveillé (ce que l'on appelle plus largement idée, ou imagination, ou encore concept) et l'image produite par un esprit dans son sommeil, laquelle n'est pas forcément moins vive qu'une sensation (ce que l'on appelle, donc, rêve) ? Si l'on doit parfois « se pincer » pour se prouver que nous ne rêvons pas, c'est précisément parce que le rêve est à la frontière de la sensation, de l'imagination et de l'hallucination.

L'expression consacrée en grec est « voir un rêve » (*onar idein*) [1]. Le rêve, pour les Anciens, est d'abord une vision, la vision d'une image : en ce sens, il n'est pas envisagé comme une expérience qui serait strictement interne, mais bien plutôt comme la rencontre d'une intériorité avec un objet [2], objet éventuellement divin d'ailleurs dans le cas des rêves prophétiques. Le rêve

1. Voir E. R. Dodds, *Les Grecs et l'irrationnel*, Paris, Aubier-Montaigne, 1965, p. 108.

2. Chez Démocrite, le rêveur est affecté par une vision externe et venue du dehors (*cf.* Cicéron, *De la divination* II, LVIII, 120). Platon, dans *Le Sophiste* (266b-c), classe les rêves dans le genre des images (*eidôla*), à côté des ombres et des reflets des miroirs, autrement dit à côté d'autres images, qui, elles, sont bien « externes ». Chez Aristote, cette continuité avec la perception est également sensible dans le fait que le rêve est décrit dans un premier temps comme étant « d'une certaine manière une impression sensible (*aisthèma*) » (*Du sommeil et de la veille* 456 a 26), même s'il est ensuite précisé qu'il ne peut être objet de sensation au sens strict, puisque la sensation est justement ce qui est désactivé, réduit à l'impuissance dans le sommeil (*Des rêves*, 458 b). L'image perçue dans le rêve dérive cependant de la sensation, puisqu'elle relève de la faculté imaginative (*phantastikon*), l'imagination (*phantasia*) ayant été elle-même définie comme « le mouvement engendré sous l'effet de la sensation en acte » (459 a 17-18, reprenant les acquis du *Traité de l'âme*, III 3). Le rêve sera finalement explicitement défini comme une image (*phantasma*), « l'image qui provient du mouvement des impressions sensibles, lorsqu'on est en train de dormir et en tant qu'on dort » (*Des rêves* 462a29-30, trad. fr. P.-M. Morel dans *Aristote. Petits traités d'histoire naturelle*, Paris, GF-Flammarion, 2000). À cette tradition Héraclite pourrait faire exception, lorsqu'il parle du rêve comme d'un monde privé ou particulier (*idios*), par opposition au monde un et commun (*koinos*) des gens éveillés (DK B89, Ps.-Plutarque, *De la superstition*).

sera par conséquent expliqué comme phénomène mental et physiologique, dans la continuité des processus perceptifs éprouvés à l'état de veille.

C'est la raison pour laquelle il est intégré dans une réflexion sur la connaissance. L'un des points d'origine de l'enquête sur le rêve se situe en effet, pour ce qui concerne la période hellénistique, dans la polémique entre les sceptiques et les dogmatiques, plus précisément lorsque l'Académicien Arcésilas entreprend de réfuter le critère de vérité proposé par le stoïcien Zénon de Citium : l'argument du rêve a d'emblée une fonction critique et cruciale, dans une discussion qui porte sur la possibilité même du savoir. Descartes ne s'y trompe pas, qui reprend exactement les données du problème, et arrive, par son idée claire et distincte, à un critère finalement très proche de la représentation compréhensive (*phantasia katalêptikê*) stoïcienne. Ainsi que l'établit Chrysippe, il faut faire la distinction entre la représentation (*phantasia*), qui correspond à une empreinte dans l'âme formée par un objet existant représenté (*phantaston*), et le phantasme (*phantasma*), qui est une espèce de pensée imaginaire. Cette pensée imaginaire, ou imagination (*phantastikon*), est une sorte d'attraction à vide, une affection de l'âme qui n'est produite par aucun représenté, comme lorsque l'on se bat contre des ombres ou que l'on porte des coups dans le vide[3]. Le phantasme, dans lequel l'imagination nous entraîne par ce phénomène d'attraction à vide, est le propre des mélancoliques, des fous, mais aussi des rêveurs.

Le rêve, perception altérée, n'a-t-il alors d'autre fonction, dans son caractère irréel et flou, que de faire apparaître, par contraste, la netteté des sensations et des représentations éveillées ? Le rêve, imagination de type hallucinatoire, attraction à vide de l'esprit, ne peut-il livrer aucun élément de vérité ? Est-il toujours trompeur, et jamais, justement, révélateur d'une vérité cachée ? Il assume pourtant, chez bien des auteurs, une fonction prophétique, puisqu'il permet de relier, dans le temps transitoire du sommeil, le monde des dieux et des hommes, l'au-delà et l'ici-bas. Le rêveur n'est-il pas justement celui qui, bien qu'éveillé, rêve un monde différent, ou est emporté par son imagination créatrice ?

C'est ce qui se produit notamment chez les personnages des tragédies de Sénèque, égarés momentanément par des illusions perceptives qui, si elles ne sont pas spécifiquement des rêves de dormeurs, en endossent les mêmes caractéristiques. L'espace littéraire de la tragédie est l'occasion pour ce stoïcien convaincu qu'est Sénèque de donner une illustration retentissante de la thèse majeure du Portique : les illusions perceptives, hallucinations, phantasmes ou rêves, sont toujours le fait d'une âme faible ou affaiblie, laquelle reste *in fine* responsable de toutes les actions terribles qu'elle peut commettre, lorsqu'elle est sous l'emprise de ces illusions. Ainsi que le montre l'article de Jean-Pierre Aygon, loin d'être le jouet d'une injuste destinée, le personnage tragique dépeint par Sénèque reste responsable de ses phantasmes. C'est justement la raison pour laquelle seule l'âme spécifique de Cassandre peut avoir une vision prophétique, qui donne un accès surnaturel à l'avenir. Dans ce cas la vision imaginative est nette, précise et vraie, tout en n'étant pas

3. Pour tout ceci, voir Diogène Laërce, VII. 49-51 et Aétius IV. 12. 1-5 (*LS* 39A et B).

de même ordre que la représentation compréhensive. Le rêve endosse une fonction similaire, lorsqu'il sert au dieu à annoncer à l'avance au rêveur ce qui va lui arriver, lui permettant ainsi de faire montre, une fois éveillé, de son caractère moral. L'illusion du rêve n'est jamais telle, justement, qu'elle suffise à expliquer le comportement de celui qui, une fois éveillé, choisit ou non de suivre les suggestions du songe.

L'espace du rêve, on l'aura compris, se situe par conséquent à la frontière des hallucinations et des imaginations. Il est un espace de créativité, ainsi que le démontre le *Songe de Scipion*, étudié par l'article de Jed Atkins. Ce songe est l'occasion pour Cicéron d'imaginer le monde tel qu'il devrait être. Le songe est l'espace dans lequel l'imagination, non plus simplement reproductrice, mais également créative, prend son envol, pour montrer une voie nouvelle : le rêve que fait Scipion est porteur d'espoir politique, non pas de l'espoir terrestre de la gloire d'une Rome à l'empire toujours plus étendu, gloire toute teintée du sang des victoires militaires, mais de l'espoir céleste d'une gloire immémoriale, promise aux hommes de grande vertu.

Le rêve n'est donc pas une simple illusion perceptive. Il est le signe d'un décalage par rapport au réel, ce qui ne veut pas dire, justement, qu'il ne dit rien de ce qui est, mais transporte toujours vers ce qui n'est pas, ou qui n'est pas encore. Il donne accès à une autre réalité, que cette dernière soit délirante ou à venir.

L'article de Sophie van der Meeren permet de montrer que, si le rêve reste pour Boèce le lieu des images qui nous empêchent de discerner le vrai bien, l'imagination reste toutefois le premier degré d'un parcours cognitif ascensionnel.

Parallèlement, comme on l'a dit, les Anciens reconnaissent tout ce que ces images doivent à l'état passionnel, au vécu affectif du sujet qui rêve, à ce qu'on appellerait en termes modernes son intériorité. C'est ainsi une constante de la réflexion antique sur les rêves que d'en souligner et d'en questionner la valeur éthique.

Isabelle Koch montre par exemple que, pour Augustin, le rêve constitue un élément primordial dans la connaissance de soi et dans la manière dont on peut se rapporter à soi-même. Le rêve est cet état tout particulier où, bien que ce soit moi qui rêve, je ne suis pas coupable de ce que je fais en rêve. Le moment du rêve est celui de la suspension de l'éthique, puisque celui qui rêve, ce n'est pas vraiment moi, et ce qui s'y produit n'est pas vraiment réel. Pourtant, les émotions ressenties dans le rêve sont, elles, bien réelles, et le rêve, qui prolonge des désirs qui nous agitent à l'état de veille, est bien une émanation de ce que je suis réellement. Dans cette optique, le rêveur est un sujet, qui ne se reconnaît pas dans ce qu'il rêve tout en admettant qu'il est bien l'origine de ce qu'il rêve. Le rêve est donc ce moment où apparaît la distance de soi à soi.

C'est ce même mélange de proximité et de distance qui apparaît dans les textes épicuriens, analysés par l'article de Voula Tsouna. Ayant défini le rêve comme une réalité psychique spécifique, les épicuriens montrent qu'il est tout d'abord non-véridique : parce que la sensation doit rester notre critère de vérité, et que toute sensation est vraie, le rêve est douteux par définition, du fait qu'il apparaît lorsque les sens sont éteints. Dépourvu de son critère de vérité, l'esprit vagabonde sans frein. Le rêve toutefois fait apparaître des éléments représentatifs de la personnalité du dormeur : il révèle ce que fait, pense, et aime ce dernier, lui permettant parfois de voir ainsi plus clair en lui-même. Le rêve est donc, en réalité, éminemment révélateur[4].

Christelle Veillard et Charlotte Murgier

4. Les articles présentés dans ce volume sont le résultat de conférences prononcées en 2018 dans le cadre du Séminaire de Philosophie Hellénistique et Romaine, consacré alors au rêve et à l'imagination. Ce séminaire, coordonné par Juliette Dross (Université Paris Sorbonne, EA 4081 Rome et ses Renaissances), Jean-Baptiste Gourinat (UMR 8061 Centre Léon Robin), Charlotte Murgier (EA 4395 Lettres Idées Savoirs Université Paris Créteil) et Christelle Veillard (IRePh, Université Paris Nanterre), a notamment pour objectif de placer une même notion sous les lumières croisées de la philosophie et de la littérature, afin de faire apparaître l'écart possible de leurs méthodes comme de leurs résultats.

DOSSIER

Rêve et imagination : approches antiques

L'IMAGINATION DANS LES TRAGÉDIES DE SÉNÈQUE
Illusions des sens, fantasmes, rêves

Jean-Pierre Aygon

Dans ses tragédies, Sénèque met en scène des représentations « imaginaires », qui empruntent certains de leurs traits aux *phantasiai* stoïciennes, d'une manière très libre. D'un côté, le dramaturge a mis à distance l'univers fictif de son théâtre, lieu d'une réelle autonomie poétique. D'un autre côté, il relie presque toujours, chez ses personnages, les troubles de la perception et du rapport avec la réalité à une faiblesse de l'âme. Qu'il s'agisse d'illusions perceptives, d'hallucinations, d'un rêve, ou encore de fantasmes au sens moderne du terme, le rôle déterminant du sujet dans la qualité de ses représentations est souligné : est ainsi mise en lumière la responsabilité des protagonistes dans le mouvement du destin qui les emporte.

Les stoïciens ont consacré une large part de leur réflexion aux phénomènes liés à la perception, dans l'espoir d'identifier une représentation vraie, qui nous donne un accès non déformé au réel. Dans cette optique, ils étudient et distinguent les représentations sensibles, liées à l'apparition d'un objet extérieur qui vient altérer l'âme et ainsi lui procurer une sensation (*aisthêsis*) ; les représentations non sensibles, qui sont directement produites par l'âme. Ils s'aperçoivent assez vite que certains phénomènes résistent à cette première classification : parfois, l'âme reçoit un stimulus sensible, mais construit à partir de lui une représentation tout à fait délirante, c'est le cas de certaines illusions perceptives[1].

1. Sur la théorie de la perception chez les stoïciens, voir Cl. Imbert, « Théorie de la représentation et doctrine logique dans le stoïcisme ancien », dans J. Brunschwig (dir.), *Les stoïciens et leur logique*, Paris, Vrin, 1978, p. 223-249; M. Armisen-Marchetti, « La notion d'imagination chez les Anciens », *Pallas* 26, 1979, p. 37-43; C. Lévy, *Cicero Academicus*, Rome, Éc. fr. de Rome, 1992; J.-B. Gourinat, *Les stoïciens et l'âme*, Paris, P.U.F., 1996; *id.*, *La dialectique des stoïciens*, Paris, Vrin, 2000; *id.*, « Les polémiques sur la perception entre stoïciens et académiciens », *Philosophie Antique* 12, 2012, p. 43-88. État de la question synthétique dans J. Dross, « De la philosophie à la rhétorique : la relation entre *phantasia* et *enargeia* dans le traité *Du*

Les tragédies de Sénèque[2] constituent un lieu de mise en scène privilégié de ces mécanismes d'illusion. L'auteur y introduit des représentations « imaginaires », qui empruntent certains de leurs traits aux *phantasiai* stoïciennes, mais qui s'adaptent ici au langage et aux situations dramatiques.

Pour étudier la place et le rôle de l'imagination au sens large dans les tragédies de Sénèque il faut en effet prendre en compte leur nature littéraire et théâtrale, car ce type de spectacle très codifié s'adresse avant tout aux sens, principalement à la vue et à l'ouïe, comme le philosophe le reconnaît lui-même dans la *Lettre à Lucilius* 88, 22 :

> Les arts d'agrément visent le plaisir des yeux et des oreilles. On peut leur rattacher les inventions des machinistes, qui imaginent des décors semblant sortir tout seuls de terre, des étages s'élevant sans bruit dans les airs, des changements inattendus : tantôt des constructions se disloquent, tantôt des éléments isolés se rejoignent d'eux-mêmes ou bien encore de hautes masses se rabattent insensiblement sur elles-mêmes. Toutes ces modifications soudaines frappent les yeux des ignorants qui, parce qu'ils n'en connaissent pas les causes, s'en émerveillent[3].

Ce passage témoigne d'abord de l'intérêt de Sénèque pour les capacités extraordinaires des machineries de théâtre à son époque, puisqu'il ajoute la rubrique des *machinatores* à celles tirées de Posidonius. Surtout, il aborde la production d'illusions visuelles sous l'angle de leur réception par le public, la plaçant sous le signe de la distinction entre la réalité et l'apparence, dans ce que les sens perçoivent du spectacle, opposant la stupeur des ignorants à la réaction des esprits éclairés qui comprennent le fonctionnement de mécanismes invisibles[4]. Il est donc logique que cette préoccupation du philosophe pour le piège que tendent les « illusions perceptives » au théâtre se retrouve, sous une forme ou sous une autre, dans ses propres pièces[5].

Les stoïciens, en effet, se méfiaient des dangers de l'« imagination », terme que nous prendrons ici dans un sens restreint, en nous limitant aux images qui

sublime et l'*Institution oratoire* », *Philosophie antique* 4, 2004, p. 61-93 (partic. p. 63-73) et R. Muller, *Les stoïciens*, Paris, Vrin, 2006 (p. 148-161).

2. Il était unanimement admis au siècle dernier que *Seneca philosophus* et *Seneca tragicus* étaient bien – contrairement à une opinion plus ancienne – un seul et même auteur. Th. D. Kohn a publié en 2003 un article tentant de remettre en cause cette certitude (« Who wrote Seneca's plays ? », *Cl. World* 96 (3), p. 271-280), mais ses arguments ne nous ont pas convaincu, pas plus qu'un très grand nombre de Sénéquiens, à commencer par les auteurs du récent *Brill's Companion to Seneca, Philosopher and Dramatist* (G. Damschen et A. Heil (dir.), Leyde-Boston, Brill, 2014), où S. E. Fischer écrit, p. 746 : « Today, we know that Seneca philosophus and Seneca tragicus are indeed the same person ».

3. Les traductions sont personnelles, sauf indication contraire. Pour les tragédies de Sénèque, nous avons parfois suivi d'assez près celles de François-Régis Chaumartin, *Sénèque. Tragédies*, coll. « C.U.F. », Paris, Les Belles Lettres, t. 1, 1996 et t. 2, 1999.

4. Cette remarque rejoint une idée avancée notamment par Lucullus, porte-parole des stoïciens dans les *Académiques* de Cicéron : les connaissances techniques accroissent la précision et la justesse de la perception (*Academica Priora*, désormais cité « *Ac. Pr.* », II, 20).

5. Qu'elles aient été portées à la scène ou non importe peu. En effet, d'une part, un nombre grandissant de commentateurs pensent que Sénèque a écrit ses tragédies dans la perspective d'une possible représentation ; d'autre part, le texte à lui seul fait naître les images d'une mise en scène, selon une conception répandue dans l'Antiquité sur le pouvoir des mots, comme le montre le témoignage de Dion de Pruse. Ce dernier raconte comment, parce qu'il était malade et s'ennuyait, il avait emprunté à la bibliothèque trois tragédies pour les comparer, les *Philoctète* d'Eschyle, de Sophocle et d'Euripide, et s'exclame : εὐωχούμην τῆς θέας, « je me suis délecté de ce spectacle » (*Discours*, 52, 2-3).

ne renvoient pas exactement à la réalité, à la différence de celles – fidèles – que procure la *phantasia katalêptikê*, ou « représentation compréhensive ». Plus précisément, ils distinguaient deux types de représentation « non conformes au réel » : – le *phantasma* (hallucination, image vaine venue au cours d'un rêve, fantôme) est produit par une « attraction à vide », par laquelle on se représente un être là où il n'y a rien ni personne. L'exemple souvent cité est celui d'Oreste lorsqu'il croit voir les Érinyes ; – la *phantasia ou katalêptikê* (représentation erronée, déformée, de la réalité), qui est une « illusion » résultant d'une mauvaise perception ou d'une réorganisation de perceptions sensorielles : cette *phantasia ou katalêptikê* est à la fois « vraie et fausse »[6], lorsqu'une sensation réelle (un bruit, la vision d'un personnage) est perçue de manière erronée (l'effondrement du temple est interprété comme le bruit des pas d'Hercule revenant des enfers ; Oreste voit sa sœur et la prend pour une Érinys[7]).

C'est le traitement par le dramaturge de ces représentations particulières, « non sensibles » ou perceptives mais déformées, qui sera l'objet de notre enquête[8], et nous nous demanderons si l'on peut trouver dans les tragédies de Sénèque des correspondances avec la théorie stoïcienne de la perception. Le théâtre est en effet le lieu privilégié d'investigation de tous ces mécanismes qui provoquent des illusions, mais on n'y retrouve pas toujours l'équivalent des notions conçues par les philosophes du Portique : dans les *Troyennes*, l'illusion perceptive ne semble pas véritablement se distinguer de l'hallucination, et Sénèque accorde un statut particulier aux visions prophétiques véridiques de Cassandre. Nous commencerons par l'étude de la mise en scène d'illusions perceptives, avant d'aborder celle des hallucinations à proprement parler, puis le cas des rêves.

Amphitryon victime d'une illusion des sens

Dans *Hercule furieux*, v. 520-523, Amphitryon croit entendre les pas d'Hercule revenant des enfers :

6. Il ne s'agit pas d'une illusion d'optique, qui est autre chose encore, *cf.* J.-B. Gourinat, *Les stoïciens*, *op. cit.*, p. 40-42 ; J. Dross, *Voir la philosophie. Les représentations de la philosophie à Rome*, Paris, Les Belles Lettres, 2010, p. 92. Dans l'illusion d'optique, la représentation est fausse (exemples de la rame ou du portique).

7. *Cf.* Sextus Empiricus, *Adversus Mathematicos*, désormais cité « *Adv. Math.* », VII, 242-246 : le support de la vision est Électre, qui est présente et réelle. Les deux types de *phantasia* peuvent se succéder, *cf.* Oreste (Euripide, *Oreste*, 255 *sq.*) : d'abord il voit les Érinyes dans une hallucination (257 ; 260-261) ; puis dans une *phantasia* « vraie et fausse », quand Électre le tient avec son bras, et qu'il la prend pour une Érinys, v. 264-265.

8. Nous ne traiterons pas ici des images scéniques suscitées généralement par le texte des tragédies ; pour une synthèse récente sur cette question et des hypothèses interprétatives, voir J.-P. Aygon, Vt scaena sic uita. *Mise en scène et dévoilement dans les œuvres philosophiques et dramatiques de Sénèque*, Paris, de Boccard, 2016 : certains détails visuels semblent éclairer la signification éthique des situations dramatiques. En ce qui concerne les œuvres en prose de Sénèque, voir notamment les réponses élaborées par M. Armisen-Marchetti (« *Tota ante oculos sortis humanae condicio ponatur :* exercice moral et maîtrise des représentations mentales chez Sénèque », *in* L. Cristante (dir.), *Phantasia. Il pensiero per immagini degli antichi e dei moderni.* Atti del convegno internazionale di Trieste (28-29 avril 2005). *Incontri triestini di filologia classica* 4, 2006, p. 161-179) et J. Dross (« Texte, image et imagination : le développement de la rhétorique de l'évidence à Rome », *Pallas* 93, 2013, p. 269-279), qui montrent comment le philosophe concilie ou tente de concilier rhétorique des images et philosophie. L'argument selon lequel des images (*cf.* éthologie, *Lettres à Lucilius* 95 et *De la colère*, II, 2, 3-4) peuvent susciter des « émotions philosophiquement acceptables » peut s'appliquer aux tragédies (*inter ludicra scaenae spectacula*), *cf.* J.-P. Aygon, Vt scaena…, *op. cit.*, p. 21-22 et p. 94-99. Sur les limites de cette conciliation, *cf.* J. Dross, *Voir*, *op. cit.*, p. 153-155.

> Comment se fait-il que le temple chancelle tout à coup ? Pourquoi le sol se met-il à gronder ? Un vacarme infernal résonne des entrailles de la terre. **Je suis exaucé** ! (***Audimur !***). C'est le bruit, oui c'est le bruit du pas d'Hercule !

Mais c'est le chœur qui entre en scène aussitôt (v. 523-591), et non Hercule. L'ébranlement des murs du temple et le fracas perçus par Amphitryon proviennent de la démolition de ce temple, ordonnée par Lycus, qui a enjoint à ses soldats d'en récupérer les poutres pour mettre le feu à l'autel où s'est réfugiée Mégare avec ses enfants[9]. C'est pourquoi, lorsqu'Hercule entre vraiment en scène, plus tard, Amphitryon se demande si ses sens ne l'abusent pas à nouveau (v. 618-625) :

> Est-ce le **désir qui trompe mes yeux** (***uisus uota decipiunt meos***) ou celui qui a dompté le monde, la gloire des Grecs, a-t-il vraiment quitté la maison du silence et ses sinistres ténèbres ? Est-ce bien là mon fils ? La joie me paralyse. Ô fils, salut assuré, mais tardif, de Thèbes, **est-ce toi que je tiens** (***teneone***), es-tu remonté des enfers ou **suis-je abusé** par une ombre sans consistance ? (***an uana fruor deceptus umbra ?***) Alors, est-ce bien toi ? Oh ! je reconnais ces bras musclés, ces épaules et cette main rendue célèbre par l'énorme massue.

Le toucher vient ici confirmer le message de la perception visuelle (*teneo*… suggère ce contact avec son bras, ses épaules, ses mains) et permet de la distinguer avec certitude de l'illusion qui a précédé[10]. Sénèque souligne à chaque fois le lien entre une passion (le désir du père) et une illusion, que celle-ci soit réelle (« Je suis exaucé ! », v. 523) ou possible (« Est-ce le désir qui trompe mes yeux », v. 618). Le jeu avec le doute augmente la tension dramatique qui précède l'arrivée d'Hercule, attendu comme le sauveur, accroît le pathétique de la réaction d'Amphitryon et accentue le contraste avec la catastrophe qui va suivre.

D'ailleurs, la peur d'être victime d'une illusion des sens est parfois réduite à un procédé rhétorico-poétique pour exprimer la crainte de se tromper ou de l'étonnement. Dans *Hercule furieux*, Amphitryon se demande à la fin de la pièce si Hercule est vraiment en train de se calmer après sa crise de folie, et voit dans son chagrin la cause possible d'une illusion des sens (v. 1042-1044) : « Que se passe-t-il ? L'acuité de mon regard est-elle victime d'une illusion et **le chagrin brouille-t-il ma vue** (***uisusque maeror hebetat***) ? Ou est-ce que je vois bien les mains d'Hercule trembler ? » C'est devenu un véritable *topos*, pour lequel Sénèque a une réelle prédilection. Ainsi, dans *Œdipe*, le coryphée s'interroge pour savoir si c'est bien Créon qui arrive (v. 203-204), en des termes révélateurs qui mettent en lumière le rapport entre l'état d'âme

9. Nous renvoyons sur ce point précis à la démonstration convaincante d'A. Heil, « Vision, Sound, and Silence in the "Drama of the Word" », *in* G. Damschen et A. Heil (dir.), *Brill's Companion to Seneca*, *op. cit.*, p. 547-560.

10. *Cf.* C. Lévy, *Cicero*, *op. cit.*, p. 215 (vérifications à effectuer pour qu'une *phantasia* soit *katalêptikê*) et 216 (« légèreté » de la réponse de Sphairos à Ptolémée à propos des fausses grenades, mais le problème est que, pour qu'il ait eu l'idée de vérifier, il eût fallu qu'il eût suspecté quelque chose d'anormal…) ; *cf.* J.-B. Gourinat, *La dialectique*, *op. cit.*, p. 48 : le toucher est utilisé comme moyen de confirmer que l'image de la rame brisée est fausse. Comme le rappelle R. Muller, *Les stoïciens*, *op. cit.*, p. 157, Cicéron (*Ac. Pr.*, II, 19-20) et Sextus (*Adv. Math.*, VII, 258) « rapportent qu'aux yeux des stoïciens celui qui veut avoir une représentation compréhensive fait des efforts, entreprend une démarche volontaire de saisie active ».

et le trouble éventuel de la perception : « Est-ce Créon illustre par son rang et ses exploits, ou bien **mon esprit malade** (***aeger animus***) voit-il **une image fausse** au lieu de la réalité ? »

Le point commun, dans toutes ces situations, c'est le mécanisme de dérèglement des sens provoqué par la faiblesse de la partie directrice de l'âme (l'« hégémonique »). L'individu entend bien quelque chose, il voit ou touche quelque chose de tangible, mais la disposition malade de son esprit altère la sensation transmise, pour la transformer en cette perception trompeuse que nous appelons illusion. En est-il de même dans le cas des hallucinations, c'est-à-dire lorsque, en l'absence cette fois de tout stimulus sensible, l'âme produit toute seule cette illusion ?

Hallucinations d'Œdipe et d'Andromaque

Un exemple emblématique d'hallucination fait ressortir l'étroite corrélation avec le trouble de l'âme, dans le prologue des *Phéniciennes*. Antigone cherche à détourner du suicide son père qui, désespéré, voit le fantôme de Laïus lui apparaître en lui demandant de le rejoindre aux enfers (v. 40-44) :

> Portant l'emblème ensanglanté de son pouvoir royal dérobé, Laïus bouillonne de fureur ; et voici que de ses mains hostiles il cherche mes orbites vides et les fouille. **Ma fille, est-ce que tu vois mon père ? Moi, je le vois** (***Nata, genitorem uides ? Ego uideo***).

Comme Œdipe est aveugle, le verbe *uideo* produit un choc, tel que les apprécie Sénèque, et cela souligne le fait que son *phantasma* est « tiré à vide », qu'il est la projection de son âme, qu'il s'agit d'un regard intérieur, avec, de surcroît, une horrible sensation tactile perçue dans ses orbites creuses. Est ainsi rendu sensible le terrible sentiment de culpabilité qui le ronge et le torture[11].

De même, dans les *Troyennes*, au moment où les soldats grecs commencent à détruire le tombeau d'Hector, Andromaque voit son époux lui apparaître (v. 681-685) :

> Brise les barrières du destin, soulève la terre, Hector ; pour dompter Ulysse, même ombre, tu suffis ! – il a brandi ses armes dans sa main, il lance des flammes ! **– Voyez-vous Hector, Danaens ? Ou suis-je seule à le voir ?** (***Cernitis, Danai, Hectorem ? An sola uideo ?***).

On pourrait toutefois se demander s'il s'agit d'une véritable hallucination, c'est-à-dire une apparition produite par la seule force de la pensée (*phantasma*), ou d'une illusion perceptive, c'est-à-dire d'une représentation sensible « vraie et fausse » (*phantasia ou katalêptikê*) suscitée par l'éclat des outils ou des armes des soldats. Sénèque ne paraît pas soucieux de marquer nettement la différence entre les deux, mais la similitude formelle entre les réactions d'Œdipe et d'Andromaque – dans la façon d'exprimer leur doute – est un indice en faveur de l'hallucination[12].

11. C'est aussi un topos rhétorique, *cf.* Pseudo-Quintilien, *Déclamations mineures*, 314, 20 : un homme accusé de parricide est hanté par la vision de son père ensanglanté.

12. C'est une hallucination pour A. Heil, « Vision, Sound, and Silence … », art. cit., p. 55.

Les états d'âme expliquent les erreurs des sens, ou, ce qui revient au même, ces erreurs servent à exprimer théâtralement avec vigueur les *status animi*. C'est encore plus net dans le cas des troubles de la perception dont est victime Hercule devenu fou, un cas d'école, souvent cité par les adversaires du stoïcisme[13].

Hallucinations, illusions et fantasmes d'Hercule dans *Hercule furieux*

Dans l'*Héraclès* d'Euripide, la folie qui frappe le héros vient « du dehors » (provoquée par l'action de Lissa et de sa flûte) et elle est constamment observée de l'extérieur. Chez Sénèque, au contraire, cette folie est clairement assimilée à un mécanisme interne, à un dysfonctionnement physiologique dans lequel l'âme du personnage est impliquée et dont les différentes phases sont pour l'essentiel présentées du point de vue d'Hercule[14].

La première hallucination se produit au terme d'un monologue où il a exprimé sa rivalité avec son père divin, Jupiter, dont il s'estime l'égal, et dont il prend la place comme maître de l'univers. C'est à ce moment-là qu'il voit le ciel se transformer (v. 939-952) :

> Mais **qu'est-ce ?** À midi, des ténèbres ont enveloppé le jour ! Phébus, en l'absence de tout nuage, s'avance le visage obscur. **Qui** fait fuir le jour en arrière, le pousse vers le levant ? **D'où vient** qu'une nuit insolite porte en avant sa tête noire ? **D'où vient** que tant d'étoiles remplissent le ciel en plein jour ? **Voici** que mon premier Travail, le Lion, resplendit dans une immense partie du ciel, **il est tout bouillant de colère** et s'apprête à mordre.

Dans une phase préliminaire, Hercule, surpris et donc encore à moitié lucide, multiplie les questions (*Quid ? Quis ? Vnde ? Vnde ?*), en observant les changements progressifs : éclipse puis retour en arrière du soleil, ciel nocturne étoilé. Au cours d'une seconde phase, il décrit le firmament qu'il croit avoir sous les yeux : *en*... Dans cette nuit trompeuse ou imaginaire, il voit resplendir la constellation du Lion, souvenir de son premier travail, et celle-ci lui renvoie l'image de sa propre colère, car le Lion crache du feu et s'apprête à se jeter furieusement sur le Taureau. Le fait qu'il s'agisse d'une hallucination est signalé par la réaction d'Amphitryon, qui qualifie ce ciel de *falsus* et souligne l'altération du regard (v. 952-954) :

> Quel est ce mal soudain ? Pourquoi, mon fils, lances-tu de tous côtés (*huc et huc*) des regards agressifs et vois-tu de tes yeux troublés un ciel **trompeur ?** (*acieque **falsum** turbida caelum uides ?*).

Ce sont bien des *phantasmata*, des images qui ne s'appuient sur rien de réel, et Sénèque limite à des troubles de la vision les premiers symptômes de

13. *Cf.* Carnéade notamment, cité par Sext. Emp., *Adv. Math.*, VII, 402-410. Voir *infra*, p. 19-20.

14. Ainsi, chez Sénèque, les passions qui emportent l'âme d'Hercule (désir effréné d'être reconnu par son père céleste et d'être accueilli parmi les dieux, haine à l'égard de Junon, colère) sont présentées comme l'une des causes déterminantes de la crise qui le frappe : sur ce point, voir notre démonstration dans Pictor in fabula. *L'ecphrasis-descriptio dans les tragédies de Sénèque*, Bruxelles, Latomus, 2004, p. 262-275, où nous abordons la question de la responsabilité, dans sa déchéance, d'un héros souvent proposé en modèle par les stoïciens.

la maladie, dans des termes qui caractérisent traditionnellement la présence d'une passion (*huc et huc*, v. 953[15]). C'est une différence importante avec la pièce d'Euripide, qui ajoute trois autres symptômes : des tremblements, un souffle irrégulier et de l'écume à la bouche (v. 867-869 et 932-934).

La seconde hallucination n'est plus l'expression de la colère d'Hercule, mais de son désir (v. 961-963) : « Voici que, spontanément, toute l'assemblée des dieux m'appelle et m'ouvre ses portes, malgré l'opposition d'une seule déesse ». Toutefois, le héros ne voit pas la porte du ciel s'ouvrir vraiment et exprime son impatience en interpellant son père divin (v. 963-965) : « Me reçois-tu et m'ouvres-tu le firmament ? Ou bien faut-il que j'arrache la porte d'un ciel rebelle ? On hésite encore ? ». Sa frustration nourrit sa rage, qui progresse en se manifestant de trois façons, d'abord dans un fantasme. Avec des verbes au futur, il s'imagine partir à l'assaut du ciel, en prenant la tête d'une révolte contre Jupiter, dans laquelle il s'allierait à la fois à Saturne et aux Titans (v. 965-973).

Puis, par une sorte d'enchaînement naturel, une nouvelle hallucination naît de ce fantasme agressif, la troisième, celle d'une Gigantomachie, avec des verbes au présent. C'est la vision de l'ancienne bataille qui avait opposé les Géants (fils de Gaïa qui voulaient venger les Titans enfermés sous la terre) à Jupiter (v. 976-981) :

> Mais que vois-je ? Les Géants destructeurs lancent leurs bataillons. Tityos s'est enfui du pays des ombres et, arborant son flanc déchiré et vide, comme il s'est dressé, touchant presque le ciel ! Le Cithéron chancelle, la citadelle de Pallène tremble, ainsi que Tempé en Macédoine. L'un a arraché les cimes du Pinde, l'autre a arraché l'Oeta, Mimas se déchaîne effroyablement.

Dans tous ces passages, ce qui est propre à Sénèque, ce n'est pas le traitement des *topoi* poétiques, c'est leur utilisation pour signaler la nature particulière d'une folie qui consiste en un dérèglement de la vision. Surtout, est frappante la netteté avec laquelle Hercule semble voir le spectacle qui s'offre à lui. Or c'était un point essentiel de désaccord entre stoïciens et académiciens, dans le débat qui opposait Lucullus à Cicéron dans le livre II des *Académiques*. Lucullus, porte-parole de la position stoïcienne, considérait que les visions des fous ne pouvaient pas avoir l'évidence de *phantasiai katalêptikai* (*Ac. Pr.*, II, 52). Cicéron répondait que, bien sûr, on s'en rendait compte une fois la crise passée, mais pas pendant la crise (*Ac. Pr.*, II, 88). Sénèque ne semble pas ici se préoccuper de cette question puisqu'il fait décrire des *phantasmata* avec une telle précision, et qu'Hercule y adhère totalement. De fait, à aucun moment, le personnage n'affirme, comme Alcméon, dans ce vers de la tragédie d'Ennius : « Mais jamais mon cœur ne consent au spectacle de mes yeux »[16]. Alcméon semble dire qu'il ne donne pas son assentiment à ses visions (les

15. *Cf.* Catulle, 61, 34, *huc et huc* (à propos de la poussée du lierre comparée à l'élan amoureux du nouvel époux) ; Sénèque, *Médée* 385 : *recursat huc et huc motu effero*, « elle court çà et là en une pulsion sauvage » (*furor* de Médée).

16. *Sed mihi neutiquam cor consentit cum oculorum aspectu*, Ennius, *Tragédies*, fr. XV, 21, éd. Jocelyn, Cambridge, Cambridge University Press, 1967 ; Cic., *Ac. Pr.*, II, 52, trad. fr. J. Kany-Turpin, Paris, GF-Flammarion, 2010.

Érinyes), mais l'absence de contexte rend l'interprétation difficile : Lucullus cite ce vers isolé à l'appui de sa thèse dans les *Académiques* (les personnages victimes d'hallucinations admettent leur caractère trompeur), thèse que Cicéron réfute ensuite en se fondant sur d'autres citations[17]. Dans *Hercule furieux*, c'est le témoignage d'Amphitryon et de Thésée qui fait accepter au héros redevenu normal l'idée qu'il est lui-même le responsable des meurtres de Mégare et de ses enfants (v. 1199-1200) : « Mon père, est-ce moi qui ai commis ce crime ? Ils se sont tus. C'est moi ! ». Ce n'est pas le héros qui a pris de lui-même conscience de l'aspect fallacieux des images qui l'ont assailli, il ne commente pas ses hallucinations passées et n'évoque nullement leur fausseté ni leur nature particulière : manifestement, la création littéraire possède ici sa propre autonomie. Mais l'écart avec la doctrine stoïcienne sur ce point est atténué par une convergence sur un autre plan : son trouble a été causé par une folie d'origine essentiellement passionnelle (voir *supra*, n. 14), comme le confirme l'étude de ses dernières visions.

En effet, dans une ultime hallucination, à la fois visuelle et sonore, Hercule voit et entend une Érinys et Tisiphone (v. 982-986) :

> Flamboyante, une Érinys fait résonner les claquements de son fouet et approche de plus en plus de mon visage les brandons enflammés d'un bûcher ; la cruelle Tisiphone, la tête ceinte de serpents, a barré, de la torche qu'elle brandit, la porte des enfers libre depuis le rapt du chien[18].

Ces *phantasmata* rapprochent Hercule de Médée, qui, elle aussi, au moment de tuer son premier fils, voit l'Érinys (v. 951-953), les Furies (v. 958) et Mégère (v. 962-963) :

> De nouveau, grandit ma douleur et bouillonne ma haine ; c'est mon bras, malgré moi, que réclame l'ancienne Érinys. Ma rage, je te suis où tu me conduis. […] Où va cette troupe déchaînée de Furies ? […] Qui Mégère vise-t-elle de sa torche agressive ?

Dans ces deux monologues, par lesquels Sénèque permet au spectateur de pénétrer dans l'âme d'un personnage au moment où celui-ci va commettre un meurtre, c'est la vision de l'Érinys[19] (et/ou des Furies, de Tisiphone, de Mégère[20]) qui exprime en miroir l'état de l'*animus*, gouverné par la *Colère*.

17. Cicéron souligne en contre-argument, et en s'appuyant notamment sur d'autres extraits d'*Alcmeo*, que ce non-assentiment se produit au sortir de la crise, et non pendant celle-ci, comme pour les rêves (*Ac. Pr.*, II, 88-90). Mais rien ne nous garantit que le discours de Lucullus, écrit par Cicéron, présente rigoureusement l'argumentation stoïcienne. J.-B. Gourinat, *La dialectique*, art. cit., a présenté une analyse précise de cette polémique, et défendu l'idée du « continuisme perceptif des stoïciens comme clef de la position stoïcienne », p. 83-84.

18. Sénèque n'introduit qu'une variante minime au topos traditionnel, variante adaptée au cas d'Hercule, qui croit que ces personnifications de la vengeance veulent défendre la porte des enfers, souvenir de son exploit précédent (en être revenu vivant). C'est un signe supplémentaire de la confusion totale de son esprit.

19. On observe que les *descriptiones* des Érinyes sont plus développées dans les cas d'hallucination que dans le cas où une Furie est elle-même présente sur la scène. C'est une logique théâtrale : il n'est pas nécessaire de décrire en détail ce que le spectateur a sous les yeux, mais cela le devient si l'on veut que le spectateur se représente avec clarté (*enargeia*) les visions imaginaires qui hantent le personnage passionné.

20. Ces figures mythologiques représentent dans le théâtre de Sénèque la violence d'une passion, la rage, portée à son paroxysme et fournissent l'image de la Colère personnifiée dans le *De ira*, II, 35, 3-6. Le dramaturge ne cherche pas à les différencier. Logiquement, il emploie une périphrase englobante dans le *De ira* pour les désigner : *qualia poetae inferna monstra finxerunt succincta serpentibus et igneo flatu*, « comme les poètes ont imaginé les monstres infernaux entourés de serpents et crachant du feu ».

C'est la preuve que le mal d'Hercule est, au moins en partie, une forme de rage exacerbée.

Un rapprochement s'impose avec le passage du *De ira* où Sénèque se réfère à la folie et aux hallucinations/illusions d'Ajax (II, 36, 4-5) :

> Un afflux excessif d'humeur dans les yeux **a noyé l'acuité de la vision** (***luminum suffudit aciem***) et les malades sont retombés dans leurs maux. Aucun chemin ne conduit plus vite à la démence. Pour beaucoup la folie n'a été que la continuation de la colère [...], Ajax a été poussé à la mort par la folie, **et à la folie par la colère** (***in furorem ira***)[21].

Comme dans le cas d'Hercule, Sénèque met l'accent sur la continuité entre la passion violente et la crise de « folie ». Dans la tragédie, immédiatement après l'apparition de l'Érinys et de Tisiphone, sans autres symptômes physiques, le dérèglement de la vision entraîne une illusion des sens, v. 987 : « Mais voici que se cache la descendance du roi, mon ennemi [...] ». Hercule prend ses fils pour ceux de Lycus, et Mégare pour Junon; il les tue tous. Son *furor* disparaîtra aussi soudainement qu'il est survenu, ses yeux se fermeront, d'une manière symétrique, et il s'endormira (v. 1044-1045) : « **Ses yeux tombent dans le sommeil** (***uultus in somnum cadit***) et, épuisé, son cou chancelle sous sa tête qui s'affaisse ».

Cette étroite corrélation entre troubles émotionnels et troubles de la perception nous incite à analyser d'autres situations où l'imagination des personnages se donne libre cours, lorsque certains d'entre eux, dominés par une ou plusieurs passions, forgent des fantasmes, au sens moderne de ce terme : quel était le statut de ces représentations mentales aux yeux de Sénèque?

Fantasmes de Médée et d'Atrée

Ces deux personnages criminels proclament d'une manière similaire leur victoire finale, qui sonne comme un défi radical aux conceptions éthiques du Portique. Ainsi, après avoir tué un de ses deux fils, Médée affirme avoir annulé le passé (*Médée* 982-984) :

> Maintenant, maintenant, j'ai retrouvé sceptre, frère, père, et la Colchide possède la dépouille du bélier d'or; mon royaume m'a été rendu, m'a été rendue la virginité qu'on m'avait ravie.

Cette transfiguration soudaine du personnage est parfois prise au sérieux par les commentateurs, qui y voient la manifestation du triomphe de l'héroïne[22]. Certes, on pourrait accepter l'idée que Médée, en supprimant

21. Ou : « La mort d'Ajax a été entraînée par sa folie, et sa folie par sa colère ». Sur l'exemple de la folie d'Ajax, décrite d'une manière soit visuelle (*endiaskeuon diêgêma*, qui crée des *phantasiai*), soit abstraite (*enkataskeuon diêgêma*, qui explicite les causes), voir J.-P. Aygon, « "Les yeux de l'esprit" (*oculi mentis*, Quintilien, VIII, 3, 62) : la relation entre les images et la raison chez les rhéteurs et chez Sénèque », *Pallas* 93, 2013, p. 253-267.

22. A. J. Boyle (éd.), *Seneca. Medea*, Oxford, Oxford University Press, 2014, *ad loc.*, accepte le triomphe auto-proclamé de Médée, sans admettre son caractère symbolique voire illusoire. Il rapproche ce passage de Virgile, *Bucoliques*, 4, 6 (*iam redit et Virgo, redeunt saturnia regna*), mais le contexte est très différent. Il le rapproche aussi de *Thyeste* – cf. *infra* – et de *Hercule furieux* 303-305 (Mégare considérera que ses frères retrouveront la vie et son père son trône, si Hercule revient des enfers), mais dans un cas il y a *credo*, et dans l'autre *rebor* (« je penserai »).

ses fils, récupère symboliquement son statut de *uirgo*, mais Sénèque, en multipliant les transformations de la réalité qu'elle prétend avoir effectuées, en indique clairement la nature délirante.

De même, Atrée croit avoir aboli le passé en l'emportant sur Thyeste (*Thy.* 1097-1099) :

> À présent j'ai vraiment remporté la palme. […] **Je crois** (***credo***) que des enfants me naissent à présent, et que ma couche nuptiale retrouve à présent sa pureté.

Mais le dramaturge insiste sur l'irrationalité de la certitude d'Atrée d'être désormais le père de ses deux fils, Agamemnon et Ménélas, ce qu'il considère comme le véritable enjeu de sa vengeance. Surtout, l'emploi de *credo* introduit une modalisation révélatrice[23]. C'est une forme d'ironie tragique que de montrer comment le protagoniste se glorifie d'une victoire illusoire. Le personnage passionné ne vit pas le monde tel qu'il est, mais selon son désir; il existe un rapport étroit entre dérèglement passionnel et « imagination » débridée, c'est-à-dire sans relation directe avec une quelconque réalité, « tirée à vide », diraient les stoïciens, selon leur conception du *phantasma*.

Cette conclusion est d'ailleurs importante pour l'interprétation des tragédies, car, si l'on néglige cette sensibilité sénéquéenne à la relation entre le trouble de l'âme et une imagination maladive, on accroît la tension entre les œuvres poétiques et la philosophie : si le triomphe d'Atrée et de Médée apparaissait comme vraiment effectif, le dramaturge semblerait admettre que la victoire du mal est totale, alors qu'il signale au contraire clairement qu'il s'agit d'un triomphe subjectif, proféré par les personnages, mais n'ayant de réalité que dans leur conscience malade.

Il existe cependant un autre type de *furor*, le *furor* prophétique, qui engendre lui aussi des visions semblables à des hallucinations, qui, elles, sont présentées comme conformes à la réalité de l'action théâtrale. C'est le cas à deux reprises dans *Agamemnon*.

Visions véridiques produites par le *furor* prophétique de Cassandre dans *Agamemnon*

D'abord, grâce à ses dons de voyance, la prophétesse entrevoit à l'avance la mort d'Agamemnon, qui vengera la chute de Troie (*Agamemnon*, désormais cité « *Ag.* » 725-728) :

> **À quoi bon jouer la fausse prophétesse? (*falsa quid uates ago?***) Où suis-je? La douce lumière a fui et une nuit profonde couvre mes yeux. Mais voici que le jour resplendit sous l'éclat d'un double soleil.

Il s'agit, comme dans le cas d'Hercule, de troubles de la vision, mais la prédiction se révélera fondée. C'est pourquoi l'emploi de *falsa* par Cassandre – qui se traite elle-même de *falsa uates* – peut surprendre, mais cela s'explique

23. A. J. Boyle (éd.), *Seneca. Thyestes*, Oxford, Oxford University Press, 2017, *ad loc.*, reste évasif sur ce point, y voit avec raison un écho inversé du point de vue d'Horace critiquant l'*hybris* des vainqueurs à la course de chars (qui croient égaler les dieux, *Odes*, I, 1, 6), et semble prêt à admettre qu'il s'agit, aux yeux de Sénèque, d'un faux triomphe.

par la conscience qu'elle a de la malédiction qui la frappe : elle n'est pas une fausse prophétesse, mais c'est le rôle qu'elle est contrainte de jouer (*falsa* [...] *uates* ***ago***, v. 725). Si l'on cherchait une réponse à sa question quasi rhétorique, et de nature métalittéraire, celle-ci ne pourrait être donnée que par l'auteur et serait : « pour des raisons dramaturgiques » !

Plus loin dans la pièce, Cassandre voit magiquement à travers le mur de scène et décrit avec une extraordinaire précision le meurtre d'Agamemnon au moment même où il se produit à l'intérieur du palais (*Ag.* 867-874) :

> Une action importante se joue à l'intérieur (*res agitur intus magna*) [...]. Jamais la fureur prophétique de mon esprit n'a montré à mes yeux des images aussi claires : je vois, je participe, je savoure. **Une image trompeuse n'abuse pas ma vue (*imago uisus dubia non fallit meos*).**

La prophétesse affirme elle-même avec vigueur la netteté de sa vision, à laquelle elle donne en quelque sorte son assentiment, comme si la *phantasia* était dotée des critères de vérité d'une *phantasia katalêptikê*. Certes, les stoïciens dans leur ensemble acceptaient que certains signes puissent permettre de prédire l'avenir[24], mais ce type de vision surnaturelle ne saurait s'inscrire dans ce cadre. Sénèque joue en fait délibérément avec les fictions mythologiques, sans se soucier des éventuelles implications philosophiques.

De plus, la spécificité de la pièce de Sénèque – par rapport à l'*Agamemnon* d'Eschyle – est que le délire prophétique de Cassandre se mêle à ses grandes souffrances, causées par la destruction de Troie et la disparition de toute sa famille (v. 661-663 et 695)[25]. Mais, dans ce cas, la passion n'altère pas la véracité des images. En réalité, Sénèque se libère de l'alternative exclusive formulée par Horace (*Art Poétique*, 179) : *Aut agitur res in scaenis, aut acta refertur*, « ou l'action se déroule sur la scène, ou on la raconte une fois accomplie ». La formule de Cassandre *res agitur intus*, v. 867, fait incontestablement écho à Horace. Le *furor* prophétique de la prophétesse est donc surtout utilisé comme procédé dramaturgique, et il est mis à distance au moyen de formules à couleur métalittéraire.

En est-il de même pour le cas particulier du rêve, qui a le statut de *phantasma*, et fournit un argument classique à ceux qui critiquent les conceptions stoïciennes de la perception[26] ?

24. Pour une analyse détaillée de la position de Sénèque sur cette question, voir la synthèse de M. Armisen-Marchetti, « Sénèque et la divination », *in* P. Parroni (dir.), *Seneca e il suo tempo*, Roma, Salerno, 2000, p. 193-214.

25. Cet aspect est très nettement souligné, alors qu'il est absent dans l'*Agamemnon* d'Eschyle. Et, aux v. 1005-1011 (aucun équivalent non plus chez Eschyle), Cassandre savoure sa vengeance et se dit heureuse (*iuuat*) d'être tuée, pour annoncer les « bonnes nouvelles » aux Troyens morts : désastre subi par la flotte grecque, chute de Mycènes, mort d'Agamemnon dans des conditions atroces.

26. *Cf.* notamment Sext. Emp., *Adv. Math.*, VII, 402-410. *Cf.* aussi Cic., *Ac. Pr.*, II, 51-52 vs 88. Par ailleurs, les stoïciens admettaient le caractère véridique de certains rêves prophétiques, *cf.* Cicéron, *De la divination*, désormais cité « *Div.* », I, 40-71 (à l'exception peut-être de Panétius, *cf.* Cic., *Div.*, I, 6). Toutefois, M. Armisen-Marchetti (« Sénèque... », art. cit.) n'a pas relevé de références à des rêves prémonitoires dans les œuvres en prose de Sénèque.

Le rêve d'Andromaque dans les *Troyennes*

Sénèque ne montre pas de prédilection particulière pour les songes. On ne trouve que le récit de celui où l'Ombre d'Hector apparaît à Andromaque dans les *Troyennes*, v. 438-460[27]. Ce rêve s'inscrit dans une longue tradition[28] et remplit deux des fonctions principales des songes dans les œuvres épiques ou dramatiques dans l'Antiquité : d'abord, faire progresser l'action en transmettant une information d'origine divine concernant l'avenir, ici, pousser Andromaque à dissimuler son fils Astyanax et à résister à Ulysse, qui exige qu'elle lui livre son fils; ensuite, caractériser par sa réaction le personnage qui a rêvé.

Ce passage est un écho direct à l'apparition en rêve de l'Ombre d'Hector à Énée, dans son récit de la prise de Troie au livre II de l'*Énéide* (*Én.*). Par-delà les nombreuses similitudes entre les deux narrations, on relève au moins trois différences significatives. L'écart majeur est lié à la différence de genre littéraire. Dans l'épopée, le message du rêve est positif, au-delà de l'annonce de la chute de Troie, car Hector prédit à Énée qu'il fondera une nouvelle Troie (*Én.*, II, 294-295) : « Cherche-leur des remparts, tu finiras par en élever de puissants après de longues errances sur la mer ». Dans la tragédie, en revanche, le rêve n'annonce aucune issue favorable, car l'Ombre d'Hector utilise en incise une formule cryptée qui comporte un regret (v. 454-455) : « Tu gémis sur la chute de Troie : que n'est-elle entièrement rasée ! ». Cette parenthèse énigmatique suggère que l'Ombre d'Hector en sait plus que ce qu'elle dit, et que ce qu'elle demande à Andromaque (sauver son fils) est voué à l'échec (l'enfant sera précipité du haut de la tour qui a subsisté). C'est une façon d'annoncer en filigrane le dénouement inévitable, et une forme d'ironie tragique, l'Ombre et le spectateur étant plus informés que le personnage, puisque Calchas a déjà révélé aux Grecs comment Astyanax devait mourir, au v. 368 (« qu'il tombe du haut de la tour »).

Une deuxième différence tient aux réactions des personnages qui ont rêvé. Énée n'est troublé émotionnellement qu'au début du songe, avant la prise de parole de l'Ombre d'Hector, à qui il pose une série de questions absurdes (v. 281-286). En revanche, dès qu'il est réveillé, il se lance immédiatement dans l'action, sans états d'âme, au v. 302, obéissant aux recommandations qui lui ont été prodiguées : « Réveillé en sursaut, je gagne la terrasse la plus élevée… ». Andromaque, au contraire, est dans un premier temps contente de revoir son époux (v. 451) : *Iuuat tamen uidisse*, « quelle joie pourtant de le revoir ! ». Mais à son réveil elle est complètement bouleversée par sa disparition (v. 457-460) :

27. Les autres références à des rêves dans les tragédies de Sénèque sont très rapides. Le chœur 4 d'*Herc. fur.*, v. 1082-83, suppose qu'Hercule, endormi et agité, rêve : *En fusus humi saeua feroci / corde uolutat somnia*, « le voici, étendu à terre, qui roule en son cœur sauvage de cruels songes »; dans le prologue des *Troyennes*, v. 33-36, Hécube évoque brièvement son rêve prémonitoire : *quicquid aduersi accidit, […] prior Hecuba uidi grauida*, « tous les malheurs qui nous ont frappés, […] moi Hécube, je les ai vus la première dans ma grossesse »; le chœur 2 de la même pièce insiste sur le caractère illusoire des rêves : *par sollicito fabula somnio*, « une fable pareille à un rêve agité », cf. *infra*, p. 28.

28. *Cf.* Homère, *Iliade*, XXIII, 65 *sq.* et J. Bouquet, *Le songe dans l'épopée latine d'Ennius à Claudien*, Bruxelles, Latomus, 2001.

Un frisson glacé, un tremblement m'arrache au sommeil et, tout épouvantée, portant les yeux tantôt ici, tantôt là, **oubliant mon fils** (***oblita nati***), malheureuse, j'ai cherché Hector. **L'ombre trompeuse** (***fallax umbra***) s'en est allée au milieu de mon étreinte.

Elle réagit en femme accablée par la souffrance due à la séparation, qui fait un instant passer au second plan le souci d'agir pour sauver son fils, ce que souligne la formule *oblita nati*, v. 459[29]. Le terme *fallax*, « trompeuse », qui caractérise l'Ombre d'Hector au v. 460, très négatif, sonne étrangement aux oreilles, car il peut s'entendre en deux sens : d'une part, ce vocable évoque l'ambiguïté du message de son époux mort, qui lui demande de se lancer dans une entreprise vouée à l'échec ; de l'autre, il exprime toute la violence de la douleur d'Andromaque de ne pouvoir saisir Hector dans ses bras, comme si elle refusait d'admettre la nature illusoire de l'apparition. Ce trouble passionnel annonce sa défaite imminente au terme de son duel face au très rationnel et lucide Ulysse. De nouveau est affirmée la responsabilité du personnage dans le malheur à venir.

Ce manque de lucidité d'Andromaque est mis en relief par une troisième différence, très révélatrice. Pour évoquer la vision de son rêve, la nuit où Troie fut prise, Énée utilise chez Virgile des formes du verbe *uideri*, à la voie médio-passive. Cela implique que le héros est parfaitement conscient de la nature bien particulière des images vues pendant le sommeil (v. 270-271 et 279-280) :

Voici qu'en songe **il me sembla** qu'Hector affligé était devant moi, sous mes yeux. **Il me semblait** que pleurant moi-même je prenais les devants pour interpeller le héros [...][30].
*In somnis ecce ante oculos maestissimus Hector / **uisus** adesse **mihi.***
*Vltro flens ipse **uidebar** / compellare uirum [...].*

En cela, Virgile suit une tradition qui remonte à Ennius qui, dans le prologue des *Annales*, prend la parole en tant que poète et raconte qu'il s'est endormi sur l'Hélicon où Homère lui est apparu[31] : « **Il me sembla** qu'Homère était devant moi » (***uisus** Homerus adesse poeta*). Plus loin, Ilia relate son cauchemar[32] :

Il m'a semblé qu'un homme beau m'entraînait à travers de riantes saussaies, sur des rives, en des lieux inconnus. Ainsi demeurée seule après cela, **il me semblait**, ma sœur, que j'errais [...]. Ensuite, **il me semble** que mon père m'adresse ces mots : [...].
*Nam me **uisus** homo pulcer per amoena salicta*

29. Il est logique qu'il n'y ait pas le même rapport affectif entre deux guerriers (Énée et Hector) qu'entre une femme et son époux, ou qu'entre deux guerriers proches (Achille et l'Ombre de Patrocle, *Iliade*, XXIII, 99-101) ou encore entre un fils et une mère (Ulysse et l'Ombre de sa mère au bord des enfers, *Odyssée*, XI, 206-08), mais *oblita nati* pointe un excès d'émotion qui annonce : – le dilemme à venir d'Andromaque, partagée entre Hector et Astyanax ; – ses reproches « élégiaques » et déplacés à Hector (d'amante délaissée), lorsqu'elle dira adieu à son fils.

30. Trad. fr. J. Bouquet, *Le songe dans l'épopée latine...*, *op. cit.*

31. Cic., *Ac. Pr.*, II, 51 et Ennius, *Annales*, I, O. Skutsch (éd.), Oxford, Oxford University Press, fr. III, trad. fr. J. Bouquet, *Le songe dans l'épopée latine...*, *op. cit.*

32. Cic., *Div.*, I, 40-41 et Ennius, *Annales*, *op. cit.*, fr. XXIX, v. 38-40 et 43-44, trad. fr. J. Bouquet, *ibid.*

Et ripas raptare locosque nouos. Ita sola
*Postilla, germana soror, errare **uidebar** [...].*
*Exim compellare pater me uoce **uidetur** / His uerbis : [...].*

On rencontre fréquemment cet emploi de *uideri* dans l'*Énéide*. Didon, par exemple, fait des cauchemars et se voit abandonnée par Énée (*Én.*, IV, 466-68) : « dans ses songes, [...] **elle se voit** toujours sans personne à ses côtés, marchant sur une longue route », *in somnis [...] semper longam incomitata **uidetur** / ire uiam*)[33].

De plus, comme chez Ennius, le rêve s'apparente souvent à un prodige d'origine divine, et le caractère surnaturel de la vision est souligné par le verbe *uideri*. Ainsi, à propos du rêve dans lequel les Pénates de Troie se sont présentés à lui, Énée ajoute un commentaire en incise (*Én.*, III, 173-174) :

Car ce n'était pas un songe, mais là, devant moi, **il me semblait reconnaître** leurs traits, leur chevelure voilée de bandelettes, leur visage bien présent.
*Nec sopor illud erat, sed coram **agnoscere** uoltus*
*uelatasque comas praesentiaque ora **uidebar**.*

On retrouve encore cet usage de *uideri* dans des récits de rêve chez les élégiaques et chez Ovide[34]. Dans la pièce de Sénèque, à l'inverse, Andromaque n'a jamais recours à ces formes modalisatrices quasi rituelles (v. 443 et 451) :

Alors soudain Hector **s'est dressé** devant mes yeux, [...]
Quelle joie pourtant ***de le revoir !***
*Cum subito nostros Hector ante oculos **stetit**, [...]*
*Iuuat tamen **uidisse !***

Or Lucullus, porte-parole des stoïciens chez Cicéron (*Ac. Pr.*, II, 51), cite Ennius comme preuve que l'on ne saurait confondre rêve et réalité : *cum experrectus esset Ennius, non diceret se **uidisse** Homerum, sed **uisum esse***, « une fois réveillé, Ennius ne dit pas qu'**il a vu** Homère, mais qu'**il lui a semblé le voir** »[35].

Plus intéressant encore, on trouve chez les poètes latins une formule qui met en lumière l'importance et la signification de l'utilisation ou non de ce

33. *Cf.* aussi *Én.*, V, 636-37 : *Nam mihi Cassandrae per somnum uatis imago / ardentis **dare uisa** faces*, « l'image de la prophétesse Cassandre m'est apparue en songe, elle me tendait des torches ». En revanche, quand c'est le poète-narrateur qui raconte le rêve – et non le personnage qui a rêvé, de son point de vue subjectif –, les formes de *uideri* peuvent ne pas être utilisées, *cf.* le songe de Didon, *Én.*, I, 353-54 : *Ipsa sed in somnis inhumati uenit imago / coniugis*, « mais elle vit dans son sommeil l'image de son époux privé de sépulture ». Par ailleurs, lorsqu'Énée s'appuie sur des rêves en guise d'arguments face à Didon (son père Anchise lui apparaît chaque nuit pour l'inciter à quitter l'Afrique, *Én.*, IV, 351-53), il n'emploie pas les formes de *uideri*, pour éviter de fragiliser la réalité de ces visions nocturnes.

34. *Cf.* Properce (III, 3, 1) : ***Visus eram** molli recubans Heliconis in umbra, [...]*, « il me semblait que mollement couché sous les ombrages de l'Hélicon, [...] ». Ovide, *Métamorphoses*, désormais cité « *Mét.* », VII, 635-37 (rêve d'Éaque) : *ante oculos eadem mihi quercus adesse [...] **uisa est***, « le même chêne sembla alors de dresser devant mes yeux » ; *Mét.*, IX, 470-71 (rêve de Byblis) : ***uisa est** quoque iungere fratri / corpus*, « il lui a même semblé que son corps s'unissait à celui de son frère » ; *Mét.*, XI, 679 (Alcyone a vu Céyx dans son sommeil) : *[...] qui modo **uisus erat***, « [...] lui qui venait de lui apparaître ». Cet usage de *uideri* est général aussi dans les récits de prodige.

35. *Cf.* Cl. Imbert, « Théorie de la représentation ... », art. cit., p. 230 : « Lucullus résolvait de la même manière l'objection sceptique du rêve. Personne, dit-il, n'est dupe du rêve puisque sa modalité est inhérente à la conscience que nous en prenons et au récit que nous en faisons ».

verbe modalisateur *uideri*, formule qui juxtapose deux versions narratives d'une vision, distinguées par *aut [...], aut [...]*, la copule opposant deux possibilités qui s'excluent, selon que l'image est considérée comme réelle ou illusoire. Chez Virgile, cette tournure sert, dans une comparaison, à accroître le caractère irréel du monde poético-imaginaire dans lequel l'Ombre de Didon apparaît à Énée, au pays des morts (*Én.*, VI, 451-454) :

> Dès que le héros troyen se trouva à côté d'elle et reconnut dans l'ombre sa forme obscure – telle la lune qu'au début du mois **on voit ou croit voir** entre les nuages (***aut uidet aut uidisse putat***) [...][36].

Ovide fera un plus grand usage de ce procédé, d'une part lorsque le locuteur évoque une possible illusion, tels Ariane écrivant à Thésée (***aut uidi aut** acie tamquam **uidisse putarem**,* « je les vis, ou bien mon regard crut les voir », *Héroïdes* – désormais « *Hér.* » – X, 31), ou encore Léandre s'adressant à Héro (***aut uidet aut** acies nostra **uidere putat**,* « mon regard les aperçoit, ou croit les apercevoir », *Hér.*, XVII, 32). D'autre part, dans des narrations d'événements surnaturels, le poète insiste de cette façon sur leur caractère merveilleux, par exemple lorsqu'Althéa jette dans le feu un tison qui serait son fils métamorphosé (*Métamorphoses*, désormais « *Mét.* », VIII, 513) : « Le bois lui-même exhala ou sembla exhaler des gémissements » (***aut dedit aut uisus** gemitus **est** ille **dedisse***)[37]. Ovide joue même avec cette formule pour accroître l'ambiguïté du statut des images rêvées. Dans un passage remarquable, il intervient dans la narration pour proposer deux versions de l'apparition en songe de la fille d'Inachus (Io, identifiée à Isis) à Téléthuse (*Mét.*, IX, 686-688) :

> [...] lorsque, au milieu de la nuit, dans les images d'un rêve, la fille d'Inachus, entourée de son cortège sacré, **se dressa – ou sembla se dresser** (***aut stetit aut uisa est***) devant son lit.

Donc, en faisant utiliser directement par Andromaque les verbes *stetit* et *uidisse* dans le récit de son rêve, et à aucun moment des formes de *uideri*, Sénèque fait un choix délibéré, qui s'inscrit dans une tradition littéraire et philosophique, et doit être interprété. Certes, on pourrait considérer que cela prouve que l'auteur ne se soucie pas de proposer une représentation des images du rêve en accord avec ses conceptions philosophiques, puisqu'il paraît donner raison aux académiciens en mettant l'accent sur la force d'illusion du rêve, capable de tromper Andromaque. Mais en réalité l'emploi de *stetit* – en écho au *stetit* remarquable d'Ovide[38] – sert à montrer qu'Andromaque, par passion, a trop adhéré aux *phantasmata*, d'où sa réaction violente après sa déception et son manque de lucidité dans sa façon de raconter son rêve[39],

36. Virgile, *L'Énéide*, trad. fr. P. Veyne, Paris, Albin Michel-Les Belles Lettres, 2012.

37. *Cf.* aussi, à propos de prodiges : *Les Fastes*, VI, 631-32 : *Hinc inter cineres obsceni forma uirilis /* ***aut fuit aut uisa est**, sed fuit illa magis,* « de ce dernier (le foyer d'un sacrifice) se dressa ou parut se dresser au milieu des cendres la forme d'un membre viril – mais il est plus sûr qu'il se dressa ».

38. Sénèque connaissait très bien et admirait les *Métamorphoses* d'Ovide.

39. Pour des raisons différentes, afin de renforcer la « véracité » du rêve de Scipion, Cicéron choisit de faire présenter sans modalisation (version *stetit*) l'apparition de l'Africain (*La République*, VI, 10) :*... arctior quam solebat somnus complexus est. Hic mihi [...]* Africanus ***se ostendit** in illa forma [...].*

dû au trouble émotionnel dans lequel elle se trouve encore plongée. La mise en scène narrative du songe semble donc obéir principalement à la logique de ses fonctions dans l'économie de la pièce. Et le choix des mots révèle en même temps la sensibilité de l'auteur au statut accordé aux images du rêve, car il se sert à des fins dramaturgiques des subtilités ou des préoccupations qui concernent son point de vue de philosophe.

Enfin, à un second niveau, l'emploi de *fallax* par Andromaque (pour caractériser l'Ombre d'Hector au moment où elle disparaît) est peut-être aussi un moyen indirect de rappeler que les songes, tout comme les images des défunts, ne sont que des illusions. Il faut en effet observer que, dans cette pièce où deux fantômes jouent un rôle important dans la progression de l'action, Sénèque a intercalé, entre les apparitions des Ombres d'Achille et d'Hector, un chœur qui affirme paradoxalement que la vie après la mort n'existe pas, et que les rêves n'ont pas de réalité. C'est mettre à distance l'intrigue tragique et souligner sa nature de pure fiction (v. 371-372 et 402-406) :

> Le Chœur : Est-ce la vérité, ou bien **une fable pour tromper** (***fabula decipit***) nos peurs, la vie des ombres après l'ensevelissement des corps, [...] ? Le Ténare et [...] Cerbère ne sont que de fausses rumeurs, des mots sans réalité et **une fable pareille à un rêve agité** (***par sollicito fabula somnio***).

La reprise de *fabula* dans le premier et le dernier vers du chœur donne à ce mot un grand poids, et le fait que *fabula* puisse aussi désigner une tragédie renforce l'hypothèse d'une signification métalittéraire.

Conclusion

Il n'existe pas de correspondances précises et rigoureuses entre les situations dramatiques et les distinctions avancées par les stoïciens dans le domaine de la perception et des représentations : Sénèque joue consciemment avec des topoi littéraires en s'accordant une grande liberté créatrice. Ainsi, il se sert du *furor* prophétique de Cassandre pour proposer des visions à la fois « imaginaires » et véridiques, qui relèvent du merveilleux et remplissent une fonction théâtrale. Et il ne cherche pas à préciser si Andromaque – voyant surgir Hector – est victime d'une hallucination ou d'une illusion perceptive. Enfin, lorsqu'Hercule se rend compte qu'il a été frappé par une série d'hallucinations et d'illusions, le dramaturge omet de lui faire signaler la différence de netteté qui aurait dû les distinguer – au moins après coup – de perceptions conformes à la réalité. On peut en conclure que Sénèque n'a pas considéré que ses pièces pouvaient avoir une visée pédagogique directe en présentant au public des exemples conformes à la théorie stoïcienne de la perception et de l'« imagination ».

Toutefois, cette autonomie du monde fictif de la tragédie ne s'oppose pas à une possible portée morale du théâtre, et l'on relève à maintes reprises la trace des préoccupations éthiques du philosophe. D'une part en effet, Sénèque met à distance lucidement un univers de fantaisie auquel il ne convient pas d'adhérer sans réserves, mais il faut une certaine connaissance des topoi et des jeux poétiques – notamment intertextuels – pour percevoir cette distanciation.

De l'autre, du moins dans les cas des hésitations d'Amphitryon et du rêve d'Andromaque, il a subtilement rattaché la situation dramatique à la théorie stoïcienne : le père d'Hercule prend soin de ne pas confondre illusion et réalité; Andromaque raconte son rêve de telle sorte qu'apparaisse – à qui saura le voir – l'erreur commise par un personnage victime de ses passions. En effet, le dramaturge relie presque toujours les troubles de la perception et du rapport avec la réalité à une faiblesse de l'âme. Le rôle déterminant du sujet dans la qualité de ses représentations est quasi systématiquement souligné, qu'il s'agisse d'illusions perceptives, d'hallucinations, d'un rêve, ou encore de fantasmes au sens moderne du terme. Est, de cette façon, mis en lumière l'aspect « fantasmatique » des succès apparents de Médée ou d'Atrée, ainsi que la responsabilité des personnages dans le mouvement du destin qui les emporte, conformément à l'un des dogmes de la doctrine du Portique.

Jean-Pierre Aygon
UR PLH/Université de Toulouse 2 – Jean Jaurès

DOSSIER

Rêve et imagination : approches antiques

ESPOIR ET EMPIRE DANS LE *SONGE DE SCIPION*

Jed W. Atkins

Le *Songe de Scipion* est l'occasion pour Cicéron de revenir sur cette notion généralement dévalorisée politiquement qu'est l'espoir, par le biais de la longue narration d'un rêve, dans lequel Scipion a eu la vision, non seulement de sa destinée future, mais de l'ensemble de l'univers, et a été instruit du destin des âmes humaines après la mort. En réponse aux interrogations du républicanisme antique sur les limites dans lesquelles une République peut aspirer à la gloire et à l'expansion impériale, l'eschatologie développée par Cicéron dans le *Songe de Scipion* vient relégitimer l'espoir, en le réorientant vers cette gloire céleste, et non plus terrestre, promise après la mort aux hommes politiques attachés à la vertu. Prêter attention au traitement de l'espoir dans le *De Republica* permet à la fois de ressaisir l'unité que forme le *Songe* avec le reste de l'œuvre et d'esquisser l'histoire d'une réflexion sur la valeur politique de l'espoir.

La source la plus influente et la plus reconnaissable de l'eschatologie cicéronienne est le *Songe de Scipion*, section conclusive du *De Republica*, où le personnage principal du dialogue a une vision qui lui procure une perspective nouvelle sur la nature et sur les destinées des âmes des hommes d'État, de Rome et du cosmos. Conservée à part du reste du dialogue par le philosophe néoplatonicien Macrobe, l'eschatologie du *Songe* s'est vue traditionnellement déconnectée des contextes et des objectifs plus larges de l'œuvre sur le plan intellectuel, littéraire et politique. Par exemple, le texte et la traduction française du *Songe* par Pierre Boyancé en 1936 contiennent des essais, précieux encore aujourd'hui, sur certaines des idées principales de l'œuvre et leurs sources – la nature du cosmos, le caractère et l'éternité de l'âme humaine, et la question de la gloire[1] ; cependant le traitement par Boyancé de ces thèmes les isole

1. P. Boyancé, *Études sur le* Songe de Scipion, Paris, De Boccard, 1936.

de la manière plus globale qu'a Cicéron d'aborder la pensée politique dans le dialogue. De même, l'étude de Georg Luck de 1956 sur l'eschatologie cicéronienne détache les enseignements du *Songe* sur l'âme et l'immortalité du contexte littéraire et philosophique plus large du *De Republica*[2].

Étant donné que la réputation philosophique de Cicéron s'est vue réévaluée ces dernières décennies, l'exégèse a cherché à relier le *Songe* aux thèmes du reste du *De Republica*. Les interprètes ont repéré des liens entre le *Songe* et le *De Republica* sur les points suivants : le pythagorisme[3], la tension entre les vies active et contemplative[4], le personnage de Scipion[5], les métaphores astronomiques[6], l'approche cicéronienne de la politique à la lumière de l'irrationalité humaine[7], l'usage cicéronien des mythes fondateurs de Rome[8], et le développement cosmique de l'homme d'État romain « magnanime »[9].

Cet article prend appui sur cette approche exégétique plus récente qui intègre l'eschatologie du *Songe* au reste du *De Republica*. J'y soutiens que la vision qu'a Scipion des destinées du cosmos, de Rome et des âmes des hommes d'État renforce l'enseignement du *De Republica* sur la nature des affaires politiques et, plus particulièrement, conclut l'exploration par Cicéron d'un problème auquel est confronté le républicanisme classique : la corruption politique naissant de la poursuite immodérée de la grandeur impériale. Dans les œuvres de la période républicaine classique traitant de ce problème, « l'espoir » est habituellement présenté comme une valeur dangereuse et négative qui accélère la corruption. Cicéron, lui, présente dans le *De Republica* une image plus nuancée de l'« espoir », y reconnaissant à la fois des éléments dangereux et des éléments positifs. Cicéron cherche à préserver Rome de la corruption en reconceptualisant plutôt qu'en éliminant l'espoir. L'espoir romain d'un empire durable se trouve le mieux réalisé lorsque les hommes d'État reconnaissent les limites de l'empire et placent leurs espérances non pas dans une gloire terrestre instable mais dans la gloire véritable que des dirigeants vertueux reçoivent au ciel. Des lecteurs plus tardifs du *Songe* se sont saisis de l'exploration cicéronienne de l'espoir et de sa relation à la grandeur impériale. Ainsi, en revenant au *Songe* de Cicéron, cet article retrace les origines d'une littérature influente ayant trait à l'importance politique de l'espoir au sein des eschatologies.

2. G. Luck, « *Studia Divina in Vita Humana* : On Cicero's "Dream of Scipio" and Its Place in Graeco-Roman Philosophy », *Harvard Theological Review* 49, n°4, 1956, p. 207-218.

3. R. Coleman, « The Dream of Scipio », *Proceedings of the Cambridge Philological Society* 10, 1964, p. 1-14.

4. R. Sharples, « Cicero's *Republic* and Greek Political Thought », *Polis* 5, n° 2, 1986, p. 30-50.

5. J. G. F. Powell, « Second Thoughts on the Dream of Scipio », *Papers of the Leeds International Latin Seminar* 9, 1996, p. 13-27.

6. R. Gallagher, « Metaphor in Cicero's *De Re Publica* », *Classical Quarterly* 51, n°2, 2001, p. 509-519.

7. Jed W. Atkins, « L'argument du *De Republica* et le *Songe* de Scipion », *Les Études philosophiques* 99, n°4, 2011, p. 455-469 et *Cicero on Politics and the Limits of Reason : The Republic and Laws*, Cambridge, Cambridge University Press, 2013, p. 47-79, et p. 234-237.

8. Elizabeth Asmis, « Cicero Mythologus : The Myth of the Founders in *De republica* », *Classical Journal* 110, n°1, 2014, p. 23-42.

9. S. McConnell, « *Magnitudo animi* and Cosmic Politics in Cicero's *De re Publica* », *Classical Journal* 113, n°1, 2017, p. 45-70.

Le *Songe de Scipion* et son contexte littéraire

Le *Songe de Scipion* qui conclut le dialogue de Cicéron *De Republica* est un chef-d'œuvre de la littérature occidentale. Le contenu du *Songe* est décrit par le héros de ce dialogue cicéronien, Scipion Émilien, deux fois consul et responsable de la destruction de Carthage à la fin de la troisième guerre punique en 146 avant J.-C. D'après le cadre dramatique du dialogue de Cicéron, Scipion fit ce songe en 149 avant J.-C., au début de la guerre. Scipion rencontra le roi numide Masinissa pour évoquer son parent, Scipion l'Africain, le célèbre général romain qui mit fin à la seconde guerre punique avec Carthage en battant Hannibal. Les deux hommes conversèrent jusque tard dans la nuit. Cette intense conversation conduisit Scipion Émilien à rêver qu'il rencontrait Scipion l'Africain et son propre père biologique, Lucius Aemilius Paullus. Bien que les deux hommes soient morts des années auparavant, dans le songe ils révèlent qu'ils sont vivants dans les cieux, où une place est réservée à tous les hommes d'État romains vertueux. En parcourant les cieux, bien au-delà du temps et de l'histoire des hommes, Scipion apprend son incertaine destinée, voit les planètes au sein de la Voie Lactée, embrasse l'empire romain d'un nouveau point de vue, et se voit instruit sur l'immortalité et la destinée des âmes humaines[10].

Tandis que le reste du texte du *De Republica* fut perdu entre le VIe et le XIXe siècle, le *Songe de Scipion* n'a jamais cessé de circuler, grâce à sa préservation par Macrobe dans son *Commentaire au* Songe de Scipion datant du Ve siècle. Macrobe lut le *Songe* comme un résumé de l'ensemble de la philosophie néoplatonicienne (1.1.1). Selon lui, le *Songe* constituait la réponse de Cicéron au mythe d'Er, qui conclut la recherche platonicienne sur la justice dans la *République* en transcrivant le récit de la vie après la mort par un homme ressuscité d'entre les morts (*Commentaire au* Songe de Scipion 1.1.3). Platon s'était préoccupé de l'immortalité de l'âme dans la *République* (608-610), le *Phédon*, et le *Phèdre*, œuvres qui, toutes, constituent d'importants intertextes dans le *Songe*.

La lecture du *Songe* par Macrobe peut induire en erreur en ce qui concerne deux aspects importants. D'abord, son insistance sur le fait que le *Songe* est une réponse au mythe d'Er a, jusqu'à une date récente, empêché les lecteurs de remarquer que la conclusion du *De Republica* est aussi la réplique de Cicéron à la célèbre allégorie de la caverne[11]. Comme dans l'allégorie de la caverne chez Platon, Scipion apprend que les hommes d'État s'élèvent jusqu'au ciel, où ils saisissent une nouvelle vision de l'ordre politique qui dévalue et réévalue leurs précédentes allégeances, avant de retourner dans la cité terrestre afin d'y instaurer un gouvernement vertueux. Scipion lui-même entreprend un tel voyage. En plaçant l'équivalent de l'allégorie platonicienne de la caverne à la fin de son œuvre, Cicéron relie la fin du

10. La discussion du suicide en *République* 6.15 est inspirée par *Phédon* 61d-62c ; la preuve de l'immortalité de l'âme en 6.27-28 traduit *Phèdre* 245c-256a.

11. Voir J. W. Atkins, *Cicero on Politics…*, *op. cit.*, p. 68, 76-77 et W. H. F. Altman, *The Revival of Platonism in Cicero's Late Philosophy : Platonis aemulus and the Invention of Cicero*, Lanham, Lexington, 2016, p. 3-4, et p. 87-88.

dialogue à son commencement. La portion du *De Republica* qui nous reste commence par une défense de la vie politique contre ceux qui voudraient la rejeter en privilégiant la vie philosophique de loisir et de contemplation. Le *Songe,* tout en amplifiant la position cosmique de détachement philosophique proposée par Scipion Émilien plus loin dans le livre I, montre néanmoins Scipion l'Africain renvoyant à Rome Scipion Émilien, afin qu'il y gouverne au bénéfice des Romains, exactement comme les philosophes-rois dans la *République* de Platon doivent retourner dans la caverne.

Dans sa description du retour de Scipion, Cicéron remédie à ce qu'il considérera plus tard comme une faiblesse notable dans le mythe platonicien de la caverne. Dans le *De Officiis,* Cicéron affirme qu'en reconnaissant qu'il faut forcer les philosophes à retourner dans la caverne pour y gouverner, Socrate témoigne du fait que ses gouvernants-philosophes font passer, à tort, l'amour de la sagesse avant la justice ; dès lors, sans être coupables de commettre l'injustice, ils sont néanmoins injustes par omission, dans la mesure où ils ne s'engagent pas spontanément à faire cesser l'injustice (*De Officiis* 1.28). À la différence du philosophe platonicien, Scipion gouverne de plein gré, poussé à la fois par son attachement à sa patrie et par sa volonté d'atteindre la vertu, qui s'acquiert par la politique et qui est nécessaire pour avoir part aux récompenses de la vie après la mort. Ainsi, contrairement au sentiment de Macrobe, l'allégorie de la caverne est un intertexte platonicien tout aussi important que le mythe d'Er pour comprendre le *Songe.*

Il est crucial de prêter attention au contexte dramatique et littéraire du *Songe*

Ensuite, la lecture macrobienne du *Songe* comme un résumé dogmatique de philosophie néo-platonicienne l'a amputé de ses qualités littéraires et sceptiques. Il est crucial de prêter attention au contexte dramatique et littéraire du *Songe.* Le contenu du *Songe* est littéralement rêvé par Scipion, qui décrit le songe à ses interlocuteurs dans son sommeil, au sein d'un dialogue fictif narré par « Cicéron » à partir du récit de seconde main d'une conversation censée avoir eu lieu avant sa naissance (celle de Cicéron). Le récit de Scipion, dans le contexte dramatique du dialogue, est interrompu par le récit par Cicéron lui-même, depuis sa perspective de tierce personne, extérieure, nous rappelant ce contexte littéraire complexe (6.12).

Que Cicéron décide de remplacer le mythe d'Er de Platon par un rêve a un impact sur le « dialogue interne » entre les personnages. Les amis de Scipion ne se voient pas offrir une preuve de l'immortalité de l'âme sous la forme miraculeuse du témoignage d'une personne ressuscitée d'entre les morts, mais à travers le moyen plus familier d'un rêve. Ainsi, Scipion ne demande pas à ses amis d'accepter une histoire de résurrection surprenante avant d'avoir pu prendre son récit en considération. En outre, Scipion veille à ce que ses amis ne puissent pas accepter ses arguments en faveur de l'immortalité de l'âme comme s'il s'agissait de contenus d'une révélation divine. Ici le fait que le *Songe* soit présenté comme la projection des pensées de Scipion à l'état de veille est important pour interpréter la manière dont ses arguments doivent être reçus. Dans son traité postérieur, le *De Divinatione,* Cicéron, présentant les arguments de l'Académie contre la divination, propose la même explication pour les rêves, vus comme résultant de nos pensées à l'état de veille (2.129,140). Cette explication constitue une alternative, « plus probable » (*probabilius*), à la conception stoïcienne selon laquelle certains rêves possèdent un statut privilégié en vertu de leur origine divine (2.129-130). Dès lors, avec son explication naturaliste du rêve, Cicéron, à la différence du Platon de Macrobe, ne délivre pas « une proclamation officielle à la race humaine » par le biais d'une autorité divine (*Commentaire au* Songe de Scipion 1.1. 9)[12]. Au contraire, Scipion demande à ses amis de prendre en considération des arguments philosophiques, dont il imagine qu'ils étaient soutenus par ses aînés.

Le fait que le *Songe* représente les pensées de Scipion a aussi des implications en ce qui concerne le « dialogue externe » entre Cicéron et ses lecteurs, qui en viennent à voir que le contenu du *Songe* contient des perspectives et des thèmes développés par Scipion et d'autres personnages plus tôt dans le dialogue. Si le contraste entre la discussion politique qui précède et la perspective cosmique radicale du *Songe* choque et surprend les lecteurs[13], une telle surprise les pousse aussi à reconsidérer le dialogue en amont en se demandant si et comment celui-ci prépare le *Songe* final. Le *Songe* rehausse les qualités littéraires du dialogue en facilitant une lecture rétrospective qui incite les lecteurs à prêter attention à des détails dont la signification n'est pas pleinement mesurée à la première lecture. Loin d'être une présentation dogmatique de la philosophie néo-platonicienne comme le suppose Macrobe, le *Songe* complète et met en valeur une investigation des affaires politiques complexe, de caractère exploratoire[14]. Certes, il ne faut pas considérer son contenu comme « cicéronien » en un sens dogmatique, même compte tenu du fait que certains arguments en faveur de l'immortalité de l'âme et de la vie après la mort réapparaîtront ensuite dans les *Tusculanes* (1.71-75). Au niveau du *Songe* lui-même, « l'eschatologie cicéronienne » n'est pas un dogme qu'il faudrait croire sur l'autorité d'un auteur, en sa qualité de philosophe, de prêtre, et d'homme politique.

Dépasser l'influence de Macrobe pour rétablir le *Songe* dans son contexte d'origine, littéraire et politique, nous permet de voir un problème, important mais resté inaperçu, dont traitent à la fois le *Songe* et l'ensemble du dialogue : le rôle important de l'espoir en lien avec la gloire et l'expansion impériale. En abordant ce problème, Cicéron se saisit d'une préoccupation centrale dans la pensée politique républicaine grecque et romaine, qui a occupé Thucydide et Polybe avant lui, son jeune contemporain Salluste, et Plutarque après lui. Afin d'apprécier la réponse de Cicéron, il faut d'abord prendre en considération le diagnostic républicain plus général sur ce problème.

12. Macrobius, *Commentary on the Dream of Scipio*, trad. angl. W. H. Stahl, New York, Harcourt, 1978, p. 158.
13. Voir H. Arendt, *La vie de l'esprit. La pensée, le vouloir*, Paris, P.U.F., 2019, p. 209.
14. J. W. Atkins, *Cicero on Politics…*, *op. cit.*, p. 47-79 et p. 234-237.

Le problème de l'espoir, de la gloire, et de l'empire dans le républicanisme

Dans sa lecture de la tradition républicaine de l'antiquité classique, en particulier chez Polybe et Salluste, Machiavel, le fondateur de la tradition républicaine moderne, a repéré un problème central au cœur de la tradition précédente. Les républicains de l'antiquité classique recherchaient une cité dotée d'une constitution, d'institutions et de vertus civiques qui soient en mesure de préserver la liberté de la domination et de la corruption civique interne. Une telle corruption caractérise une société où les dirigeants et les factions poursuivent leur propre avantage au détriment du bien commun[15]. La liberté républicaine est issue de, et garantie par, la poursuite de la grandeur impériale. De grandes républiques, ayant conquis des territoires et une puissance impériale en poursuivant la grandeur, préservent la liberté de la domination extérieure – laquelle constitue un risque pour des républiques plus petites. Cependant, à mesure que décroît la menace que fait peser la conquête extérieure sur la liberté républicaine, c'est le danger que représente la corruption civile interne qui s'accroît. Ce même désir de grandeur qui pousse les dirigeants à rechercher la gloire impériale, si on lui laisse libre cours, va les conduire à dominer leurs propres concitoyens. Ainsi les républiques doivent-elles choisir entre deux options imparfaites : rester petites et risquer d'être la proie d'une conquête extérieure, ou s'étendre et s'exposer à la corruption interne[16].

Les républicains qui ont écrit pendant et au sujet de l'empire romain ont généralement rejeté comme indésirable la première option – demeurer petit. Aussi ont-ils reformulé le dilemme en se demandant comment limiter la corruption de la République aux mains d'individus ambitieux en quête de gloire. Ce problème occupera Cicéron dans sa dernière œuvre philosophique, le *De Officiis*, où il défend le statut impérial de Rome (2.27-29) et cherche à modérer la quête républicaine de gloire, dont il pensait qu'elle avait conduit à la disparition de la liberté républicaine sous la dictature de César. Toutefois, Cicéron s'était aussi préoccupé du problème de la gloire et de l'empire dans le *De Republica*, où, comme il sied à une œuvre portant sur « la meilleure forme de constitution et le meilleur citoyen » (*Lettres à son frère Quintus* 3.5.1), il traitait cette question comme un problème se posant à la fois aux hommes d'État individuellement et à l'État dans son ensemble.

Dans la tradition républicaine classique, certaines discussions importantes autour de la passion de la gloire, de l'expansion impériale, et de la corruption politique, soulèvent le problème de l'espoir. La définition moderne standard du concept présente l'espoir comme une émotion positive qui implique un fort

15. Le républicanisme en ce sens renvoie à un ensemble cohérent de problèmes interdépendants relatifs à une cité libre. Il s'agit d'une idéologie modulable, qui dépasse la période républicaine dans l'histoire romaine. Voir aussi Jed W. Atkins, *Roman political thought*, Cambridge, Cambridge University Press, 2018.

16. Sur ce dilemme républicain, voir D. Armitage, « Empire and Liberty : The Republican Dilemma », *in* M. Van Gelderen and Q. Skinner (eds.), *Republicanism : A Shared European Heritage*, Cambridge, Cambridge University Press, 2002, p. 29-46, en particulier p. 29-35.

désir que se réalise un bien futur possible[17]. Dans la littérature, l'histoire et la philosophie grecques en revanche, « l'espoir » (*elpis*) occupe une position marginale et fragile, en tant qu'émotion ambiguë, voire dangereuse[18]. À Rome, *spes* (« l'espérance ») était vénérée comme une déesse et intégrée à l'idéologie d'Auguste ; néanmoins, dans la littérature, « l'espoir » est vu généralement comme un concept négatif[19].

Cette signification négative de l'espoir est de première importance dans les écrits républicains sur l'impérialisme et la corruption, comme ceux de Thucydide, Polybe, Salluste et Plutarque. Thucydide, qui a ensuite influencé les écrits historiques et biographiques de Salluste et Plutarque (et dans une moindre mesure de Polybe), voyait dans la tendance humaine à espérer une émotion politique négative et dangereuse. Thucydide conçoit l'espoir comme une attente de succès irrationnelle au vu de l'évaluation précise des ressources à disposition pour faire face aux défis ou à l'adversité. L'espoir apporte un faux réconfort, incitant les dirigeants politiques à prendre des risques funestes et dommageables. L'espérance a entraîné la perte du général athénien Nicias, qui, lors de la campagne de Sicile, espérait étendre l'empire athénien, tout comme il avait causé l'échec des Méliens dans leurs efforts pour résister à l'empire romain. De même, pour Polybe, le bon général est « en public, insensible, à l'espoir et à la peur »[20]. L'espoir d'un avantage personnel peut conduire les dirigeants à trahir leurs promesses (Polybe, *Histoires*, 33.4). En conséquence, la faculté d'espérer est habituellement un attribut négatif pour les dirigeants politiques et militaires, même si l'usage polybien du composé *euelpis* (« bon espoir ») laisse ouverte la possibilité qu'un général puisse raisonnablement espérer ou attendre le succès s'il a pris toutes les précautions nécessaires[21].

Si on en vient au contexte romain, Salluste souligne à plusieurs reprises que l'espoir, en particulier « l'espoir de dominer » (*Conjuration de Catalina* 16, 17, 20, 21, 26, 31, 35, 37, 39, 56, 57-58, cité en 17), a entraîné la corruption et le conflit qui est cause de, en même temps qu'il est illustré par, la « conjuration de Catilina ». L'espoir déforme la perspective de l'historien comme du politique (4). L'historien et philosophe grec Plutarque ajoute à cela que l'espoir est opposé à la gratitude et au contentement. Cette passion conduit l'homme d'État à mépriser la valeur des bienfaits passés et présents, et à regarder vers l'avenir, en convoitant insatiablement des succès glorieux hors de sa portée.

17. R. S. Lazarus, « Hope : an Emotion and a Vital Coping Resource against Despair », *Social Research* 66, 1999, p. 653-678.

18. Voir R. R. Caston et R. A. Kaster, « Introduction » *in* R. R. Caston and R. A. Kaster (eds.), *Hope, Joy, and Affection in the Classical World*, Oxford, Oxford University Press, p. 1-10 ; G. Kazantzidis et D. Spatharas, « Introductory : "Hope", *elpis, spes* : Affective and Non-affective Expectancy », *in* G. Kazantzidis and D. Spatharas (eds.), *Hope in Ancient Literature, History, and Art : Ancient Emotions I*, Berlin, De Gruyter, 2018, p. 1-31. Pour une exception notable à cette évaluation négative de l'espoir dans le monde antique classique, voir L. Fulkerson, « "Torn between Hope and Despair" : Narrative Foreshadowing and Suspense in the Greek Novel », *in* R. R. Caston and R. A. Kaster, *Hope, Joy, and Affection*, p. 75-92. On notera aussi que *elpis* a une portée sémantique différente de celle de l'anglais « hope ». Voir aussi D. Cairns, « Metaphors for Hope in Archaic and Classical Greek Poetry », in *ibid.*, p. 13-44.

19. Voir G. Kazantzidis and D. Spatharas, « Introductory… », art. cit., p. 1-31.

20. Voir A.M. Eckstein, *Moral Vision in the Histories of Polybius*, Berkeley, University of California Press, 1995, p. 179.

21. L. Fulkerson, « *Deos speravi* (*Miles* 1209) : Hope and the Gods in Roman Comedy », *in* G. Kazantzidis and D. Spatharas, *Hope in Ancient Literature, History, and Art*, *op. cit.*, p. 153-170, p. 167.

Selon Plutarque dans la *Vie de Marius*, un semblable « espoir » poussa Marius à entrer en conflit avec Sylla, plongeant Rome dans la guerre civile. L'espoir, et en particulier l'espoir d'atteindre une gloire durable, constitue donc une grande menace pour la stabilité et la liberté des républiques. Il menace les républiques en inspirant d'excessives ambitions impérialistes et des conflits entre les chefs de faction, autant de conditions qui caractérisent la corruption interne sapant la liberté[22].

Étant donné que le *De Republica* de Cicéron traite du problème républicain de la gloire et de l'empire, il aborde aussi amplement la valeur de l'espoir. En fait, dans le *De Republica,* Cicéron fait de l'espoir une partie intégrante de sa réflexion sur les problèmes qui entourent la gloire impériale. Il offre un traitement nuancé de l'espoir, qui lui permet d'explorer différentes conceptions et connotations de la notion de « *spes* ». Voyons, en nous tournant vers le début du *De Republica,* comment cet argument y est développé.

Espoir, gloire et empire dans les livres I à V du *De Republica* de Cicéron

« L'espoir » apparaît pour la première fois au livre I du *De Republica.* Les interlocuteurs se sont réunis dans la propriété de Scipion en 129 avant J.-C. pendant les Féries latines, une fête s'étendant sur plusieurs jours pour célébrer l'alliance traditionnelle de Rome avec ses alliés latins. Les hommes commencent par parler de l'apparition d'un second soleil dans le ciel. L'arrivée de Laelius, ami proche de Scipion, lance la discussion sur l'impact des phénomènes scientifiques et des phénomènes célestes sur les affaires humaines (1.19-33).

Cette conversation initiale anticipe les images et la cosmologie du *Songe* de diverses manières. Le plus important pour ce qui nous intéresse ici est l'ample éloge par Scipion des sciences et de l'instruction en 1.26-30, suscitant des questions sur la valeur de la gloire, la philosophie, la loi naturelle, et l'empire, lesquelles vont réapparaître à la fois au livre III et dans le *Songe.* Adoptant le point de vue cosmique du sage, Scipion dévalorise la gloire personnelle – les commandements et charges militaires de prestige doivent être recherchés comme des moyens nécessaires à l'accomplissement de son devoir envers la *res publica* plutôt que sous l'effet d'un désir d'acquérir la glorieuse réputation qu'ils confèrent (1.27). Ce point de vue amoindrit aussi la gloire de l'empire romain (1.26).

Scipion continue et introduit pour la première fois le mot « espoir » dans le dialogue : « que devient la gloire, quand on a vu [...] à quelle minuscule portion de celle-ci [la terre] nous restons nous-mêmes confinés, tout à fait ignorés de la plupart des peuples, alors que, cependant nous sommes convaincus (*speremus*) que notre nom vole sur la bouche des hommes et se répand au loin ? » (1.26)[23]. Dans ce contexte, l'« espoir » renvoie à des attentes irréalistes étant donné la position de Rome par rapport aux autres nations de la terre,

22. J. W. Atkins, *Roman Political Thought, op. cit.*, p. 106-109.

23. Les traductions françaises du texte de Cicéron sont tirées de Cicéron, *La République*, texte établi et traduit par Esther Bréguet, Paris, Les Belles Lettres, coll. « C.U.F. », 1980, 2 vol. (*N.d.T.*).

une réalité révélée par la perspective cosmique. Pour la première fois dans le dialogue – mais loin d'être la dernière – un des interlocuteurs se demande de manière critique dans quelle mesure on peut attendre d'un empire, même aussi impressionnant que celui de Rome, qu'il réalise ses aspirations à une renommée durable, qui s'étende aussi bien dans l'espace que dans le temps.

Le contexte du passage ouvre la possibilité que la dévalorisation par Scipion de « l'espoir » soit influencée par la vision négative de ce concept dans la philosophie hellénistique, en particulier dans le stoïcisme. Les stoïciens ont critiqué à la fois l'espoir et la peur, qu'ils lient l'un à l'autre. L'espoir est un fort désir accompagnant l'attente d'un bien, de même que la peur est un fort désir accompagnant l'attente d'un mal (Cicéron, *Tusculanes* 4.80; Sénèque, *Lettres à Lucilius* 5.7-8)[24]. Ces deux passions naissent d'un même type d'erreur – juger comme « bien » ou « mal » la présence ou l'absence de biens extérieurs comme la gloire, la richesse, et la santé. De même, dans ces lignes, Scipion soutient que « les sages » qui adoptent une perspective cosmique ne considèrent pas la propriété comme un « bien » ou ne voient pas la gloire et le pouvoir attaché à une charge publique comme dotés d'une valeur intrinsèque (1.27). La position de Scipion, selon laquelle des biens extérieurs comme la gloire, les charges publiques, ou la propriété ne sont pas des « biens » désirables, mais sont seulement utiles à l'accomplissement de ses devoirs, s'accorde avec la doctrine stoïcienne des « indifférents préférables ». Le fait que Scipion évite d'utiliser les termes techniques stoïciens s'accorde à la teneur générale du passage, qui fournit une perspective pour la critique philosophique transcendant l'école stoïcienne[25]. Cependant l'absence de technicité n'enlève rien au fait que la dévaluation philosophique et cosmique des « biens » extérieurs est en accord avec le rejet philosophique du désir de placer ses espoirs en ces derniers.

En passant du livre I au livre II du *De Republica*, on voit Scipion examiner le développement de la Rome historique quand il entreprend de montrer que la République romaine fut le meilleur exemple possible de constitution mixte, meilleur régime possible[26]. Scipion explique que la constitution romaine s'est développée progressivement à partir des contributions de plusieurs générations de dirigeants romains.

Scipion commence naturellement son récit par la fondation de la cité, au cours de laquelle il introduit le lien républicain traditionnel entre poursuite de la gloire et acquisition d'un empire. Il souligne que le désir de gloire a mené à l'établissement de la cité de Rome (*urbs*) et de la République (*res publica*) (2.5). Le désir de Romulus que Rome atteigne une gloire durable et étendue a guidé ses calculs présidant au choix de l'emplacement de la cité. Comme l'explique Scipion, « en homme d'une exceptionnelle clairvoyance, il se rendit compte avec netteté que les régions côtières ne convenaient pas du tout aux villes fondées avec l'espoir (*ad spem*) d'un empire qui durerait longtemps. La première raison en est que les villes situées au bord de la mer sont exposées à

24. Pour plus ample discussion, voir G. Kazantzidis and D. Spatharas, « Introductory… », art. cit., p. 12-14.
25. James E. G. Zetzel, *De Republica : Selections*, Cambridge, Cambridge University Press, 1995, p. 118.
26. Voir *De Republica*. 1.70, et J. W. Atkins, *Cicero on Politics*, *op. cit.*, p. 56-61.

des dangers non seulement multiples, mais aussi dissimulés » (2.5). En raison de ses espoirs pour la cité, il n'a pas fondé Rome à l'embouchure du Tibre.

L'usage par Scipion de « l'espoir » ne comporte pas les connotations négatives que le mot a habituellement dans les écrits de Thucydide, Polybe, Salluste et Plutarque. Au contraire, l'espoir représente ici l'attente positive d'un développement et d'une expansion « républicaine » saine. Il est lié à l'exercice de la vertu de prévoyance (*providentia*) par le roi fondateur de Rome, et il représente une composante essentielle de la contribution de Romulus à l'évolution à long terme de Rome vers la meilleure forme pratique de gouvernement.

Cependant, deux paragraphes plus loin, Scipion nuance rapidement son usage positif de l'espoir renvoyant à des saines ambitions républicaines de développement. À présent il l'associe à l'idée républicaine négative de « corruption » (*corrumptela*) des pratiques et coutumes civiques (2.7). Anticipant un thème important dans les discussions ultérieures sur la corruption civique chez Salluste et Plutarque, Scipion indique que nos « espoirs » et nos « rêves » de grandeur distendent notre attachement et notre dévotion au foyer et à la cité. Ce problème, explique-t-il, a ruiné Carthage et Corinthe. Dans sa prévoyance, Romulus a cherché à pallier ce problème en situant sa cité à l'intérieur des terres, car, reconnaissait-il, les habitants des cités maritimes « ne tiennent plus en place, mais leurs songeries les emportent, sur les ailes de l'espérance, toujours plus loin de leurs demeures » (2.7).

Plus loin dans le livre II, Scipion utilise à nouveau « espoir », mais cette fois le terme est porteur d'une signification différente des précédentes mentions dans ce livre, où il désignait le désir né de l'envie de réaliser ses rêves, ses aspirations et ses ambitions. À présent, Scipion l'utilise non pas pour indiquer ce à quoi nous pourrions rêver ou aspirer mais ce dont nous pouvons raisonnablement attendre la réalisation. En effet, dans un passage abordant la cité idéale Callipolis dans la *République* de Platon, Scipion oppose ces deux idées. Socrate a construit une cité « dont on peut davantage souhaiter (*optandam*) qu'espérer (*sperandam*) la réalisation », car la cité n'est pas « telle qu'elle pût exister, mais telle que la théorie politique y fût mise en lumière » (*République* 2.52). Dans ce passage et dans d'autres (voir 2.21-22), Scipion montre qu'il se méfie de la tentative de réaliser des rêves utopiques inatteignables. Mais en même temps, il reconnaît que nous avons d'importantes leçons à tirer d'expérimentations utopiques comme celles de Platon; en fait, les enseignements de Platon éclairent sa propre discussion de la meilleure constitution (2.52). Apprendre à tempérer nos aspirations politiques à la lumière des limitations humaines est la leçon essentielle du *De Republica* de Cicéron, leçon que Cicéron a tirée de sa lecture de la *République* de Platon. L'instabilité politique survient lorsque les dirigeants se cramponnent à des idéaux et refusent de faire des concessions aux passions politiques et à la nature humaine[27].

Au livre III, Laelius, l'ami de Scipion, argumentant en faveur de la justice de l'empire romain, revient et adhère à l'espoir « républicain » de Romulus

27. Voir J. W. Atkins, *Cicero on Politics*, *op. cit.*

en la longévité d'une République. En effet, Laelius amplifie cet espoir et en fait un principe de fondation : « il faut, en effet, organiser la cité (*civitas*) de telle manière qu'elle ne périsse pas (*aeterna*) ». Ensuite, dans une analogie qui anticipe le *Songe*, il oppose la mort d'une république à celle d'un être humain et compare ensuite la mort d'un État à celle du cosmos en entier. « Il n'y a pas de mort naturelle pour un État, comme c'est le cas pour l'homme, dont la mort est non seulement inévitable, mais encore bien souvent souhaitable (*optandam*) ; en revanche, la suppression d'une cité, sa destruction, sa disparition est quelque chose d'analogue, pour comparer les petites choses aux grandes, à la mort et à l'écroulement du monde entier » (3.34).

Le gouvernement impérial est injuste s'il ne bénéficie pas aux gouvernés

Qu'est-ce qui peut causer la mort d'une cité ? La réponse à cette question découle de la définition par Laelius de la justice en lien avec l'empire romain. Une partie importante de son argument relève de la psychologie politique. En utilisant un vocabulaire psychologique qui fait écho à la définition de la monarchie par Scipion plus haut dans le dialogue, et qui anticipe la description de la domination rationnelle et absolue du soleil sur les planètes dans le *Songe*, Laelius affirme que la nature a accordé le pouvoir politique (*imperium*) à ce qui est meilleur et plus fort pour gouverner ce qui est plus faible, cela à l'avantage du faible, tout comme nous voyons la raison gouverner les passions (3.37 ; *cf.* 1.60 ; 6.17-18). Cependant, la défense de l'empire par Laelius pose aussi des contraintes sur le gouvernement impérial. Par exemple, le gouvernement impérial est injuste s'il ne bénéficie pas aux gouvernés ou soumet un autre régime capable de se gouverner lui-même (3.38). De même, la guerre en vue de l'expansion territoriale, si elle est entreprise sans faire suite à une provocation, est injuste (3.35).

Laelius appuie sa définition de la justice sur une définition de la loi naturelle. Il soutient que la violation de la loi naturelle conduit à des punitions naturelles pour les individus et les nations qui ne la respectent pas (3.33). Son développement sur l'empire se termine par un avertissement. Si le gouvernement de Rome dérive de plus en plus de la justice vers la force et la peur, Laelius craint que Rome ne perde sa république : « j'ai lieu d'être inquiet sur le sort de notre postérité et sur le caractère impérissable de notre État ; et cependant il pourrait être immortel (*perpetua*), si l'on y vivait selon les institutions et les mœurs de nos ancêtres » (3.41).

Les remarques de Laelius répondent aux arguments de Philus, qui, auparavant dans le livre III, avait soutenu que Rome avait acquis son empire injustement. Ce débat revient au problème républicain de l'espoir et de la grandeur impériale. Il prolonge, quoique sur un registre différent, le traitement antérieur de l'espoir par Scipion. Comme on l'a noté précédemment, en examinant la fondation de Rome par Romulus, Scipion a offert un double traitement de l'espoir qui en a révélé la nature ambiguë. D'un côté, c'est un espoir « républicain » fondamental et essentiel que de voir sa république se développer, atteindre la grandeur, et perdurer pendant de nombreuses années. De l'autre, les espoirs et les rêves peuvent conduire à desserrer les liens que les individus ont à la république, entraînant la corruption. L'argument de Philus fait écho à l'espoir républicain d'acquérir un empire (*imperium*), même s'il note que c'est là une question de sagesse (*sapientia*) plutôt que de justice. Laelius, en réponse, prévient qu'à moins d'imposer des contraintes et des limites à ces espoirs d'empire, ceux-ci mettront en fait en péril l'espoir corrélatif d'une république durable.

Espoir, gloire et empire dans le *Songe de Scipion*

Le traitement cicéronien de l'espoir dans les cinq premiers livres du *De Republica* reformule le problème républicain fondamental du lien entre espoir et grandeur impériale. « L'espoir » n'est pas toujours une valeur négative, car « l'espoir » qu'une république dure le plus longtemps possible est une aspiration noble et louable, et digne des efforts des hommes d'État. Cela ne peut pas se faire sans la poursuite de l'empire. En même temps, la poursuite sans limites des ambitions impériales (la leçon du livre III) et de rêves utopiques irréalistes (la leçon du livre II) est une voie royale pour apporter la corruption et hâter la destruction d'une république.

Le *Songe* cherche à aborder ce problème. Il commence par blâmer la poursuite de la gloire personnelle et impériale en revenant à une perspective cosmique semblable à celle qui était offerte par Scipion au livre I. La gloire de Rome n'est rien une fois replacée dans le contexte de l'étendue incomparablement plus vaste et de la durée éternelle du cosmos (6.20-23). Comme le note l'Africain, même les empires les plus prospères et les plus durables apprennent que leurs ambitions d'éternité doivent en fin de compte être frustrées par les conditions perpétuellement changeantes sur terre : « supposons même que la lointaine descendance des hommes de l'avenir ait le désir de transmettre, de génération en génération, à la postérité, la gloire de chacun de nous, que leurs ancêtres leur auraient fait connaître; par le fait des inondations et des incendies du monde, qui se produisent inévitablement à époques fixes, non seulement la perspective d'une gloire éternelle (*gloria aeterna*), mais même celle d'une gloire prolongée (*gloria diuturna*) nous est refusée » (6.23). Faisant écho au langage du *Timée* de Platon, qui parle aussi de destructions périodiques par les déluges et les flammes (22c), Scipion l'Africain suggère que la destinée nationale de Rome est dépourvue de l'éternité que possède le cosmos lui-même – ou même les planètes situées sous la lune (6.17).

En décrivant en termes politiques la manière dont le soleil gouverne les planètes et le mouvement même des planètes dans le système solaire, le *Songe* rappelle les comparaisons entre politique et cosmologie faites par Scipion et Laelius plus haut dans le dialogue[28]. Cela nous rappelle en particulier l'analogie de Laelius entre les républiques et le cosmos. Le *Songe* révèle que, quelles que soient les similitudes que les républiques peuvent avoir avec le cosmos dans leur but commun d'atteindre la longévité, elles lui sont largement inférieures tant en ce qui concerne la durée et la gloire de leur vie que pour ce qui est de l'impact de leur mort, à terme. En même temps, le *Songe* cherche à insuffler du patriotisme à Scipion en faisant du dévouement

28. Voir J. W. Atkins, *Cicero on Politics*, *op. cit.*, p. 64-75.

à la patrie la condition nécessaire pour une vie éternelle (6.25). Comme le note Gretchen Reydams-Schils, le point de vue cosmique révèle que la vertu qui est « sa propre récompense » est la vertu sociale et politique[29]. Scipion est appelé à suivre les traces de son père et de son grand-père en cultivant la « justice (*iustitia*) et les devoirs de la piété (*pietas*) ; ils sont considérables quand il s'agit des parents et des proches ; mais ils sont les plus grands de tous quand il s'agit de la patrie (*patria*) » (6.16).

L'Africain conclut son enseignement sur la gloire et l'empire en en venant directement au rôle de l'espoir. Il dit à Scipion Émilien :

> C'est pourquoi, si tu renonces à l'espoir (*desparaveris*) d'un retour dans cette région vers laquelle tendent toutes les aspirations des hommes de haute valeur, de quel prix est donc pour toi cette gloire humaine, qui peut à peine s'étendre à une petite partie d'une seule année ? En conséquence, si tu veux élever tes regards vers les hauteurs, pour y contempler cette demeure où tu pourrais habiter éternellement, tu n'accorderas aucune attention aux propos du vulgaire, ni ne placeras l'espoir (*spes*) de ta vie dans des récompenses humaines. Il faut que ce soit la vertu elle-même qui, par son seul charme, t'entraîne vers le véritable honneur (6.25).

Dans ce passage l'Africain exhorte Scipion à ne pas perdre l'espoir de retourner au ciel. En raison de la fragilité de la gloire terrestre, on s'éloignera de la vertu si on place tous ses espoirs dans les louanges des hommes. À l'inverse, l'antidote à la tentation pour l'homme d'État de placer ses espérances entre les mains instables de ses semblables et de la fortune humaine consiste à transférer ses espoirs sur les récompenses de la vie après la mort, où une gloire véritable et stable attend les vertueux. À l'instar de Thucydide, Salluste et Plutarque, Cicéron reconnaît l'attrait puissant que l'espoir exerce sur les hommes : la faculté d'espérer un avenir meilleur est sans doute partie intégrante de la nature humaine. Et, tout comme ces auteurs, il reconnaît que la poursuite immodérée et irréalisable de nos aspirations peut déstabiliser et détruire le gouvernement républicain. Mais Cicéron propose ici une solution différente. Plutôt que d'essayer d'amoindrir le pouvoir de l'espoir sur les hommes d'État en se contentant de présenter aux lecteurs son caractère potentiellement destructeur, Cicéron préfère contrer les dangers de l'espoir en plaçant ce dernier sur une base nouvelle et solide, au sein d'une description de la gloire incomparable dans la vie après la mort. Ainsi retravaillé et doté d'un nouvel objet plus stable, l'espoir renforce le devoir patriotique et vertueux au lieu de l'ébranler, comme le révèle la réponse immédiate de Scipion (6.26). Cicéron place devant l'homme d'État un monde digne d'espoir dont la rationalité et l'immortalité de l'ordre cosmique sont le reflet, tout en soulignant en même temps qu'un tel ordre ne pourra être complètement réalisé sur terre. Ce faisant, Cicéron délivre l'homme d'État de la pression à mettre en œuvre sur terre des visions politiques irréalistes et utopiques, ou du besoin d'atteindre une gloire

29. G. Reydams-Schils, « Teaching Pericles : Cicero on the Study of Nature », *in* G. Williams and K. Volk (eds.), *Roman Reflections : Studies in Latin Philosophy*, Oxford, Oxford University Press, p. 91-107, p. 102.

humaine immodérée qui nourrit d'excessives ambitions impériales et menace les coutumes et procédures qui sous-tendent la constitution républicaine.

En fin de compte, le *Songe* présente une solution à un problème politique important dans le dialogue. En cherchant à remédier au problème républicain de la corruption politique, provoqué par la poursuite de la grandeur impériale, Cicéron intègre une analyse de l'espoir dans une eschatologie aux dimensions personnelle, nationale et cosmique. Le *Songe* de Scipion présente aux hommes d'État une image puissante : ceux qui servent bien la république romaine peuvent espérer connaître la béatitude éternelle dans la gloire des cieux. L'espoir d'une gloire éternelle est donc corrélé à l'engagement vertueux en faveur de la justice et du dévouement à la patrie, qui permettra à Rome de durer aussi longtemps que possible, même si la pratique de la vertu ne saurait protéger ni la destinée de Scipion ni celle de Rome de la main incertaine du destin (6.12).

Conclusion

Cet article s'est efforcé de dégager l'analyse attentive que donne Cicéron de l'espoir au sein du *De Republica* – entreprise qui culmine dans l'eschatologie du *Songe* de Scipion. Lorsque le *Songe* est lu dans le contexte du dialogue qui précède, on voit que Cicéron se tourne vers l'eschatologie pour remédier à un problème fondamental lié à la grandeur impériale au cœur du républicanisme antique. Il rejette l'espoir d'une société parfaitement juste et rationnelle qui conduit à rechercher le type – irréaliste – de petite république représenté par Callipolis dans la *République* de Platon. En même temps, il cherche à modérer l'ambition de grandeur et de domination impériale éternelle, qui, si on lui laisse libre cours, détruira Rome. Cependant, sa position vis-à-vis de l'espoir le sépare des autres penseurs républicains classiques. Au lieu d'essayer d'éliminer des espoirs terrestres potentiellement dangereux et instables en attaquant l'idée de l'espoir, Cicéron cherche à modérer leur force en transférant l'objet de l'espoir de la gloire terrestre vers la gloire véritable qui entoure les hommes d'État vertueux dans le royaume des cieux. Les arguments en faveur de l'immortalité de l'âme qui concluent le dialogue (6.27-28) rendent possible cet espoir en reliant la vie humaine sur terre, éphémère, imprévisible et faillible, au cosmos éternel, rationnel et divin dépeint dans le *Songe*. Par là, l'eschatologie du *Songe* est indissolublement liée à la politique du *De Republica*.

Le projet cicéronien se verra adapté par des lecteurs ultérieurs. Deux de ces lecteurs les plus importants sont le poète de l'époque augustéenne Virgile et l'humaniste italien du XIVe siècle Pétrarque. Virgile et Pétrarque vont à la fois conserver et modifier, quoique dans un sens opposé, l'orientation donnée à l'espoir dans le *Songe*. Le livre VI de l'*Énéide* rompt le lien entre l'espoir et le problème républicain de la grandeur ; l'espoir se trouve à présent réalisé dans l'accomplissement des promesses faites par Jupiter pour l'empire romain. Son objet ultime est ainsi ramené du ciel vers le monde de la politique. Pourtant Virgile conserve les interrogations de Cicéron sur la justice et l'éternité de l'empire romain. Pétrarque, de son côté, fait davantage écho à certains aspects du traitement républicain de l'espoir, faisant droit aux visions négatives du terme qu'on trouve chez des auteurs comme Thucydide et Plutarque. Il suit les traces de Cicéron en cherchant un objet sûr pour l'espoir dans un domaine situé au-delà de la politique, mais à la différence de son prédécesseur, il ne fait ultimement allégeance ni à Rome ni à aucune cité terrestre, mais au royaume éternel de Dieu, qui use, pour sa part, des empires terrestres à ses propres fins[30].

Le *Songe* a initié une discussion sur l'espoir en tant que valeur politique importante, quoique potentiellement dangereuse pour la politique. Chacun à leur manière, Cicéron, Virgile, et Pétrarque nous mettent en garde au sujet de notre capacité à voir clairement et avec certitude la réalisation eschatologique de l'espoir en un gouvernement juste et vertueux à l'époque et dans le monde qui sont les nôtres. Cependant, ils ne cherchent pas à éliminer complètement l'espoir de la vie humaine. Une fois cet espoir assagi, il est possible de lui trouver un espace en politique. Ce type d'espoir résiste à la fois au cynisme d'un monde dépourvu de justice et à l'orgueil des empires irrévocablement convaincus de la justice et de l'éternité de leur domination. C'est précisément cet héritage important du *Songe* de Scipion que les lecteurs modernes feraient bien de garder en tête[31].

Jed W. Atkins
Duke University

Traduit par Charlotte Murgier

30. Sur Virgile et Pétrarque comme lecteurs de l'analyse cicéronienne de l'espoir dans le *Songe*, voir Jed W. Atkins, « Hope and Empire in Ciceronian Eschatology », *in* H. Marlow, K. Pollmann and H. Van Noorden (eds.), *Eschatology in Antiquity*, London, Routledge, à paraître.

31. Cet article est une adaptation du chapitre « Hope and Empire in Ciceronian Eschatology » à paraître dans *Eschatology in Antiquity*, publié chez Routledge. Je remercie Christelle Veillard, Juliette Dross, Jean-Baptiste Gourinat et Charlotte Murgier (qui a traduit cet article en français) pour leur invitation à participer au séminaire de philosophie hellénistique et romaine et à contribuer au volume qui en est issu. Mes remerciements vont aussi aux relecteurs de la revue pour leurs commentaires.

Rêve et imagination : approches antiques

LE RÊVE ET L'IMAGINATION DANS LA *CONSOLATIO PHILOSOPHIAE* DE BOÈCE. Obstacles ou adjuvants dans la reconquête du bien suprême ?

Sophie Van der Meeren

Le rêve et l'imagination jouent un rôle fondamental dans la démarche de Philosophie personnifiée, qui, au début de l'ouvrage de Boèce, apparaît au prisonnier sous la forme d'une personnification et entreprend de le reconduire progressivement au bien suprême. Notre enquête suivra trois lignes directrices : tel un *rêve*, les *illusions* et les *images* trompent le prisonnier et l'empêchent de discerner le vrai bien. Cependant, Philosophie valorise l'*imagination reproductrice*, dont elle fait le premier degré d'un parcours cognitif ascensionnel. Pour élever le prisonnier, et le lecteur avec lui, jusqu'au terme de ce parcours téléologique, elle recourt enfin à l'*imagination créatrice*, nourrie des ressources littéraires.

Né d'une famille patricienne autour de 480, Boèce parcourut une brillante carrière politique l'ayant conduit au sommet de l'État sous le règne du souverain goth Théodoric, alors régent de l'Italie. Féru de littérature et de philosophie latines et grecques – on pensera en particulier à ses traductions et commentaires des œuvres logiques d'Aristote –, mais aussi fin connaisseur des questions théologiques auxquelles il consacra des traités, il fut également l'une des figures intellectuelles les plus en vue de son temps, et l'un des héritiers de la grande tradition culturelle d'Athènes et de Rome. Accusé de trahison, il fut incarcéré à Pavie et condamné à mort ; c'est dans sa prison qu'il composa son œuvre la plus connue, la *Consolatio Philosophiae*, un prosimètre faisant alterner de façon régulière poèmes et proses, et réunissant en lui, comme en un florilège, mais plus encore comme en un testament culturel, les formes littéraires de l'Antiquité classique dont Boèce se fit le passeur. La *Consolatio Philosophiae* est de fait riche de multiples traditions et de multiples références que Boèce, désormais privé de sa bibliothèque ornée d'or et d'ivoire, puise aux palais merveilleux de sa mémoire d'érudit. Il est mis à mort à l'issue de son incarcération, aux environ de 527. Dans les premiers vers du livre I de la *Consolatio Philosophiae*, se fait entendre la voix d'un prisonnier, plongé dans l'isolement et le désespoir, qui s'applique à mettre par écrit ses plaintes dans un poème élégiaque, en implorant en vain une mort qui se refuse à lui. C'est alors que lui apparaît Philosophie personnifiée. Chassant les Muses, elle entame avec lui un dialogue qui se poursuivra tout au long de l'ouvrage. Plusieurs références de type biographique permettront rapidement au lecteur de faire coïncider le personnage-narrateur avec une figure de Boèce lui-même, et d'identifier ce que nous lisons sous le titre de *Consolatio Philosophiae* à une expérience intime de l'auteur qui se déploie au fil des cinq livres de l'ouvrage.

Par un procédé de mise en abîme, le narrateur se met donc en scène au début de l'œuvre dans un acte d'écriture silencieux. Nous sommes ainsi invités à voir en lui non seulement un narrateur et un personnage, mais aussi un scripteur interne à la fiction, et à penser que sa composition écrite est précisément la *Consolatio* en train de s'élaborer sous nos yeux, en tant qu'œuvre de fiction issue de l'*imagination* d'un auteur. D'emblée, le lecteur est donc mis en position de témoin visuel d'un dispositif qui ressortit à l'*imaginaire* au sens de fiction et de littérarité. Notre objectif ne sera pas, cependant, d'illustrer les ressources *littéraires* grâce auxquelles la *Consolatio* suscite l'imagination d'un *lecteur* tenté, en particulier, de lire les événements mêmes relatés dans l'ouvrage comme un récit de vision de songe – une *Traumerscheinung* disent les spécialistes. L'enquête portera plutôt sur le rôle *épistémologique* que joue l'imagination dans la reconquête du bien suprême.

Au livre I, Philosophie entreprend de soigner le prisonnier, mais avant cela, il lui apparaît nécessaire de déterminer précisément son état mental et moral. Or la maladie dont il souffre s'avère être un oubli de la finalité. Le diagnostic est clairement posé à la prose 6 du livre I, au cours de l'interrogatoire auquel, tel un médecin, elle soumet son patient. De cette prose, il ressort que la maladie dont souffre le prisonnier est triple. S'il se souvient que le monde a été créé par Dieu, en revanche, il a oublié trois éléments fondamentaux : par quels instruments Dieu gouverne le monde ; quelle est la finalité du monde ; quelle est la finalité de l'homme, laquelle correspond, sur un modèle néoplatonicien, à la participation à Dieu[1].

Dans la *Consolatio*, la redécouverte de la finalité du monde et de soi est fondamentalement liée à la question des modes de connaissance, de deux manières distinctes. D'un côté, il s'agit de redécouvrir la finalité dans l'intériorité, selon la théorie platonicienne de la réminiscence développée en plusieurs poèmes de la *Consolatio*[2]. De l'autre, contempler Dieu au terme

1. L'interprétation du sens et de la structure de l'œuvre en termes téléologiques est au centre de S. Van der Meeren, *Lectures de Boèce. La* Consolation de la Philosophie, Rennes, P.U.R., 2012.

2. Voir S. Van der Meeren, « *Quodsi Musa Platonis personat uerum :* poétique de l'intériorité dans la *Consolatio Philosophiae* de Boèce », dans P. Hummel (dir.), « *Philologicum* » *: entre érudition et création,*

de la reconquête de la finalité appartient à la faculté de connaissance la plus haute : l'*intellegentia*, laquelle est placée au-dessus de la *ratio*, faculté propre à l'homme, et au-dessus aussi, par conséquent, d'une faculté inférieure à la *ratio* elle-même, c'est-à-dire l'*imaginatio*. Cette perspective éclaire en quel sens l'homme n'est pas seulement un animal raisonnable et un animal imaginatif : c'est en dépassant non seulement l'imagination, mais aussi la raison, et en s'élevant au mode de connaissance spécifique de Dieu (l'*intellegentia*), qu'il peut contempler celui-ci et participer à lui. La reconquête de la finalité suppose donc un processus cognitif ascensionnel.

Il s'agit de retrouver la finalité dans l'intériorité

Dans ce parcours ascensionnel proposé par Philosophie, le rêve et l'imagination jouent donc un rôle en tant que modes de connaissance inférieurs.

Il faut tout d'abord préciser ce que l'on entend par ces deux termes[3]. L'imagination se comprend tout d'abord comme « représentation mentale » (φαντασία). Elle est la faculté de former des images mentales à partir de ce qui a été perçu par la vue, ou la répétition mentale – généralement affaiblie – d'une sensation, ou, plus exactement, d'une perception précédemment éprouvée[4]. On parle souvent, en ce sens, d'imagination *reproductrice* ou de mémoire imaginative. Les images qui sont le propre de cette faculté sont des *images-copies*, des simulacres de la sensation primitive. Dans cette acception, l'imagination est généralement évaluée – et de fait *dévalorisée* – par rapport à la vérité de la connaissance. On lui associera le rêve au sens d'une pensée sans consistance et sans accord avec la réalité, dont les objets sont des *images-phantasmes*. D'autre part, l'imagination est la faculté de l'esprit de former des représentations nouvelles, qui ne reproduisent rien de réel ni d'existant. Ce pouvoir de l'esprit, ce processus psychique qui s'exprime notamment dans la littérature, est appelé imagination *créatrice*. En ce sens, l'imagination est susceptible de revêtir une fonction heuristique. Sans chercher à tout prix à appliquer ces distinctions spécifiquement modernes à un texte antique, nous pensons cependant qu'elles peuvent fournir des lignes directrices commodes à nos analyses. La *Consolatio* de Boèce nous présente tout d'abord une réflexion sur une forme d'imagination rêverie, endossant un rôle cognitif de type inférieur; elle analyse en un second temps l'imagination reproductrice, pour enfin aborder l'imagination créatrice.

Paris, Philologicum, 2012, p. 31-62.

3. Comme le rappelle M. Armisen, « La notion d'imagination chez les anciens, I : Les philosophes », *Pallas* 26, 1979, p. 11-51 : « en latin comme en grec, le même terme peut désigner plusieurs notions [...]. Inversement, à une notion unique correspondent plusieurs synonymes » (p. 16).

4. *Cf.* A. Lalande, *Vocabulaire technique et critique de la philosophie*, 7e édition revue et augmentée, Paris, P.U.F., 1956, p. 464-465 (au mot image).

L'imagination rêverie

Philosophie s'adresse ainsi au prisonnier :

« Mais quand tu dis que tu as envie de m'entendre encore, de quel feu brûlerais-tu si tu savais où j'entreprends de te conduire ! ». « Où ? », dis-je. « *Au vrai bonheur* (*ad ueram felicitatem*) », dit-elle, « celui que *ton esprit voit en rêve* (*somniat animus*), mais qu'il ne peut contempler *dans sa réalité* (*ipsam illam*), parce que *sa vue est accaparée par des images* <de bonheur> (*occupato ad imagines uisu*) ». Alors moi : « Ah, je t'en prie, tout de suite, montre-moi tout de suite ce qu'est le vrai bonheur ! » « Je vais le faire », dit-elle, « et bien volontiers, pour l'amour de toi ; mais je vais commencer par celui qui t'est mieux connu, et que je vais tenter de décrire et de définir avec des mots : ainsi, quand tu en auras vu tous les aspects, tournant ton regard dans la direction contraire, tu seras capable de reconnaître le visage du vrai bonheur »[5].

Le verbe *somniare* n'a sans doute pas, en ce passage, le sens de « rêver de quelque chose », c'est-à-dire d'aspirer à quelque chose[6] ; il indique plutôt un mode de connaissance inférieur, correspondant à l'imagination en français, entendue au sens large de « représentation mentale ». Cette connaissance repose sur l'*imago*, sorte de *trompe-l'œil* (tel l'εἴδωλον grec : « simulacre »), par contraste avec la « réalité », la chose en elle-même (*ipsam illam*). Si l'on peut penser à la position de l'εἰκασία (la « conjecture ») sur la ligne platonicienne de la fin du livre VI de la *République*, caractérisée comme une faculté de l'esprit reposant sur les εἰκόνες (les « images »), pour autant, le contexte renvoie non au domaine du visible, mais à celui des représentations *mentales*[7]. Plus que la ligne du livre VI, le texte évoque le modèle ontologique et épistémologique de l'allégorie de la caverne au livre VII[8] (évoqué par Boèce en III m 10 et 12). Dans la *République*, les prisonniers ne voient pas le monde tel qu'il est, mais ne perçoivent de lui que des copies, des ombres, c'est-à-dire des simulacres. C'est à ce type de phénomène mental, caractéristique de l'état d'illusion, que renverrait selon nous l'*imago* dans ce passage de la *Consolatio*, comme dans le suivant :

Vous aussi, ô créatures terrestres, même si ce n'est qu'en une faible image (*tenui imagine*), vous voyez votre principe comme en rêve (*uestrum principium somniatis*), et ce terme du vrai bonheur (*uerum illum beatitudinis finem*), même si vous ne le distinguez que de façon très obscure, vous en avez cependant une certaine idée (*qualicumque tamen cogitatione prospicitis*), et pour cette raison vous êtes des êtres à la fois naturellement tendus vers le vrai bien et écartés de lui par les multiples formes de l'erreur[9].

5. Boèce, *Consolatio Philosophiae*, désormais « *Cons.* », III, 1, 4-7. Dans cet article, et sauf mention contraire, nous empruntons la traduction des passages de la *Consolatio* à J.-Y. Guillaumin, *Boèce. La Consolation de Philosophie*, introduction, traduction et notes, Paris, Les Belles Lettres, 2002 (avec parfois des modifications).

6. Cette traduction est pourtant fréquente.

7. Platon, *La République*, désormais cité « *Resp.* », VI, 509d-511e.

8. *Ibid.*, VII, 514a-518b.

9. *Cons.*, III, 3, 1.

Dans ce deuxième texte, le rêve – entendu au sens d'une faculté de représentation mentale – est à nouveau associé à l'*imago*. Nous ne voyons le principe (et le bien suprême) qu'en rêve, parce qu'au contact du corps, notre esprit est affaibli et attiré par des images, des représentations erronées du vrai bien qui s'interposent entre lui et la vérité. La reconquête de la finalité, rappelle ici Philosophie, dépend donc des facultés de connaissance ou, plus largement, des activités de l'esprit. Selon un modèle évoquant encore la caverne de Platon, Boèce nous montre les hommes tendant vers le vrai bien, sans arriver toutefois à le discerner clairement.

Ces extraits permettent de préciser les caractéristiques de l'image dans la *Consolatio*. Comme chez Platon, l'image-*imago* est en relation avec l'être véritable et l'intelligible, mais cette relation prend deux formes. L'*imago* porte tout d'abord les traces de l'être véritable : ainsi dans le poème 9 du livre III, déjà évoqué, Philosophie rappelle que Dieu, portant « en son esprit (*in mente*) » un monde beau, forme celui-ci « à son image et à sa ressemblance (*simili in imagine*) » (v. 8). De même, l'âme du monde fait tourner le ciel « à son image et à sa ressemblance (*simili imagine*) » (v. 17)[10]. Toutefois l'image n'est pas ce dont elle est l'image : son statut ontologique déclassé en fait une ombre trompeuse. À l'imagination et au rêve est donc liée ici toute la thématique de l'illusion, ainsi qu'il apparaît dans le texte suivant, encore emprunté au livre III :

> « Ces biens, donc, ne donnent aux hommes, semble-t-il, que *des images du vrai bien* (*imagines ueri boni*), ou des biens imparfaits (*imperfecta quaedam bona*) ; ils ne peuvent offrir la perfection du vrai bien ». « J'en suis d'accord », dis-je. « Puisque tu sais maintenant distinguer ce qu'est le vrai bonheur de *ses formes trompeuses* (*quae beatitudinem mentiantur*), il te reste à apprendre où aller le chercher ». « C'est bien cela », dis-je, « que j'attends depuis si longtemps, et si impatiemment ! »[11].

À ce stade, le prisonnier ne perçoit que des images évanescentes et trompeuses[12] qui ne sauraient fonder une connaissance ferme des choses. À ce propos, nous citerons un dernier passage du livre III :

> Puisque tu as vu, maintenant, la forme du bien imparfait et celle du bien parfait, je pense qu'il faut te montrer où réside cette perfection du bonheur. Et là-dessus, la première question, à mon avis, est la suivante : peut-il exister dans la nature un bien du genre que tu définissais tout à l'heure ? Car il faut éviter que notre pensée ne passe à côté de la vérité qui s'offre à elle et ne se laisse tromper par *une vaine image de notre pensée* (*cassa cogitationis imago*). Mais l'existence de ce bien, qui est comme la source de tous les biens, ne peut être niée ; car tout ce qui est dit imparfait n'est tenu pour tel qu'à cause

10. Les expressions *in simili imagine* du v. 7 et *simili imagine* du v. 17 ne sont pas faciles à traduire : elles ne nous semblent pas signifier, comme le pensent certains traducteurs, « à *ton* image ». Plutôt, le texte rappelle que le monde est d'abord dans l'esprit divin, comme archétype intelligible, à la ressemblance duquel est ensuite produite son existence sensible : cf. *Timée*, désormais cité « *Tim.* », 30c-d. De même, la rotation du ciel est l'image mobile de l'éternité propre au monde intelligible qu'elle contemple (cf. *Tim.*, 35a-38c).

11. *Cons.*, III, 9, 30-31.

12. En *Cons.*, III, 3, 1, cité plus haut, Philosophie parle d'*imago tenuis* et, en III, 10, 2 (cité juste après), de *cassa imago.*

d'un amoindrissement du parfait. C'est pourquoi, dans tout ce qui paraît renfermer de l'imperfection, il y a nécessairement aussi de la perfection ; car si l'on supprimait la perfection, *on ne pourrait même pas imaginer* (*ne fingi quidem potest*) l'origine de ce qui est tenu pour parfait[13].

Si l'esprit risque d'être la proie de l'illusion, et de se laisser offusquer par l'image dans son statut trompeur, Philosophie prévoit en même temps la possibilité de *se représenter en l'esprit* (*fingi*) le principe de la perfection ; cette représentation valide du principe s'effectue par remontée *ex gradibus* du moins parfait vers la plénitude du concept.

Dans ces différents textes du livre III, bien que Boèce n'utilise pas le terme *imaginatio*, cependant nous voyons apparaître le champ lexical d'un processus mental fondé sur les images et apparenté à la rêverie, qu'on est tenté de mettre en relation avec l'état léthargique dans lequel se trouve le prisonnier au début du livre et avec le « brouillard » offusquant son esprit[14]. Ce stade cognitif correspond à celui du φιλόδοξος (« l'amant de l'opinion ») dans la *République*, qui, tel un rêveur, prend l'image pour l'original[15]. Tel serait donc un premier aspect ou un premier sens de l'imagination dans la *Consolatio*. Le livre V, qui appréhende les modes de connaissance sous leur aspect théorique, va nous apporter des éléments supplémentaires décisifs.

Vers une imagination reproductrice ?

La discussion sur les modes de connaissance, qui s'étend essentiellement de la prose 4 à la prose 5 du livre V[16], s'inscrit dans une réflexion sur la question du libre arbitre. Comment se fait-il – s'interroge le prisonnier – que, dans un monde gouverné par la finalité divine, l'homme puisse conserver une forme de liberté ? Si l'on observe le mouvement des chars et des cochers dans le cirque lors d'une course, répond Philosophie, le fait de voir ce qui se passe n'implique pas pour autant que le spectateur, par le fait même qu'il observe la course, rende également nécessaire ce qu'il a sous les yeux[17]. De la même manière, Dieu voit les choses futures, et connaît à l'avance leur déroulement, mais dans une vue d'ensemble, dans un éternel présent, sans pour autant les déterminer. Tandis que par la raison, les hommes connaissent les événements au fur et à mesure qu'ils se produisent, et en tant qu'ils sont soumis à la possibilité et au libre choix des sujets agents. L'originalité de la réponse de Boèce sur le libre-arbitre tient donc en grande partie à ce qu'elle détermine la position épistémologique des êtres dans l'univers[18].

13. *Cons.*, III, 10, 1-4.
14. *Ibid.*, I, 1, 13 ; I, 2, 6-7.
15. *Resp.*, 476c-d.
16. Entre les deux proses s'insère le poème V m 4.
17. *Cons.*, V, 4, 15 : la mention, ici, de la course hippique, sera un élément important de notre partie conclusive.
18. La spécificité de la doctrine boécienne a été bien mise en évidence par G. Ralfs, *Stufen des Bewusstseins. Vorlesungen zur Erkenntnistheorie*, H. Glockner (hrsg.), Köln, Kölner Universitäts, 1965, p. 211-231 et H. Scheible, *Die Gedichte in der* Consolatio Philosophiae *des Boethius*, Heidelberg, C. Winter, 1972, p. 175-177. Voir également l'étude très précise de P. Huber, *Die Vereinbarkeit von göttlicher Vorsehung und menschlicher Freiheit in der* Consolatio Philosophiae, Diss., Zürich, Universität Zürich, 1976, qui compare la réponse de Boèce aux traditions philosophiques précédentes et montre qu'il partage avec d'autres néoplatoniciens tardifs, tels Proclus et Ammonius, l'argument consistant à fonder la compatibilité de la Providence divine et du libre-arbitre sur la distinction entre la connaissance de Dieu et celle de l'homme (p. 25-29). Sur la question des sources de la démonstration développée dans ce passage, outre l'ouvrage de P. Huber, on consultera

La cause de cette erreur est que la connaissance de toutes choses, chacun considère qu'elle nous vient uniquement des caractéristiques et de la nature de celles-ci. Or c'est tout le contraire : car tout ce qui est connu n'est pas compris par ses caractéristiques propres, mais plutôt selon les facultés ce ceux qui les connaissent. [...] L'homme lui-même est perçu *différemment par les sens* (*aliter sensus*), *l'imagination* (*aliter imaginatio*), *la raison* (*aliter ratio*) et *l'intelligence* (*aliter intellegentia contuetur*). Car les sens jugent seulement la *figure* (*figuram*) imposée à une matière donnée, et l'imagination seulement la *figure* (*figuram*), *sans la matière* (*sine materia*). *La raison à son tour transcende la forme* (*ratio hanc quoque transcendit*), et évalue *par un examen d'ensemble* (*uniuersali consideratione*) l'*espèce même* (*speciem ipsam*) qui se trouve dans les individus. Mais *l'œil de l'intelligence voit les choses de plus haut* (*intellegentiae uero celsior oculus exsistit*) ; *en effet, dépassant la sphère de l'universel* (*superegressa uniuersitatis ambitum*), elle contemple *avec le pur regard de l'esprit* (*pura mentis acie*) *la forme elle-même dans sa simplicité* (*ipsam illam simplicem formam*). Et sur ce point, voici ce qu'il faut surtout considérer : la faculté de compréhension supérieure *inclut* (*amplectitur*) celle qui lui est inférieure, et celle qui est inférieure ne s'élève en aucune manière jusqu'à celle qui lui est supérieure[19]. Car en dehors de la matière, les sens n'ont aucune capacité : l'imagination ne contemple pas les espèces universelles ; la raison ne saisit pas *la forme simple* (*simplicem formam*) ; mais l'intelligence, *si l'on peut dire, regarde d'en haut* (*quasi desuper spectans*) [...]. Car l'intelligence connaît l'universel, qui relève de la raison, la forme, qui relève de l'imagination, et la matière, qui relève des sens, sans avoir recours ni à la raison, ni à l'imagination, ni aux sens, mais *en prévoyant tout* (*cuncta prospiciens*), pour ainsi dire, formellement et *d'un seul coup de l'esprit* (*uno ictu mentis*). [...] L'imagination aussi, même si elle a commencé *à voir et à former des figures* (*figuras*) à partir des sens, se passe cependant des sens pour passer en revue toutes les choses sensibles, *avec un mode d'évaluation qui n'est pas sensible mais imaginatif* (*non sensibili sed imaginaria ratione*)[20].

Comme le dit la suite du texte[21], les modes de connaissance sont distribués selon une échelle des êtres. Tout en bas de celle-ci, les animaux immobiles n'ont que la sensation : *sensus*, équivalent de l'αἴσθησις (« sensation ») en grec. Les animaux mobiles ont l'*imaginatio*, qui correspond à la φαντασία (« imagination »), si l'on en juge par le début de la seconde édition du commentaire au Περὶ ἑρμηνείας, dans lequel Boèce avait déjà exposé la classification ascendante des modes de connaissance[22]. Nous dirions aussi qu'elle correspond à l'εἰκασία (« conjecture »), si l'on suit la ligne platonicienne de la fin du livre VI de la *République*, à laquelle fait penser notre texte. Chez

également P. Courcelle, *La* Consolation de Philosophie *dans la tradition littéraire. Antécédents et postérité de Boèce*, Paris, Études augustiniennes, 1967, p. 208-221, qui soutient que Boèce résout la question à la lumière du commentaire d'Ammonius au Περὶ ἑρμηνείας (la thèse a été critiquée).

19. L'originalité de la solution de Boèce est surtout manifeste à partir de ce nouvel argument, qui repose sur *l'inclusion* des formes de connaissances.

20. *Cons.*, V, 4, 24-37, notre traduction.

21. *Ibid.*, V, 5, 3-12.

22. *De interpretatione* II, I, 1, K. Meiser (ed.), Leipzig, Teubner, 1880, p. 25-29, et en particulier p. 27.

Platon, au livre VI de la *République*, Socrate établit d'ailleurs un lien entre εἰκών (l'« image », objet de l'εἰκασία) et φάντασμα (« trompe-l'œil », objet de la φαντασία, « imagination »), en rangeant parmi les εἰκόνες les φαντάσματα[23]. Si l'image est, dans le texte de Boèce, un élément essentiel du processus de connaissance, toutefois l'objet corrélé à la faculté imaginative n'est pas, cette fois, l'*imago*, mais la *figura* (en grec le σχῆμα).

De fait, la distinction qui nous semble séparer l'imagination, au livre V, de la connaissance illusoire du livre III évoquée plus haut, est que l'image dont il est à présent question est considérée en relation non avec l'être véritable, mais plutôt avec l'objet sensible. Dans cette nouvelle perspective, l'imagination en ce livre V s'apparente à l'imagination *reproductrice*.

La *figura* – terme dérivé du verbe *fingo*, que l'on traduit en français par « imaginer » – désigne l'aspect, la forme ou la *figure*, c'est-à-dire une caractéristique propre à l'objet perçu, dont une autre caractéristique est la *materia*. Alors que la sensation reçoit l'empreinte de la figure corporelle, matérielle, l'*imaginatio* dont il est ici question met sous les yeux de l'esprit les formes sans la matière. Nous sommes donc capables de connaître un homme uniquement par ses traits, ses aspects « figuratifs », susceptibles de faire l'objet d'expérience sensorielle et que nous conservons et reproduisons dans l'imagination (au sens d'*imagination reproductrice*, précisons-le), même en l'absence de l'objet. On sera donc attentif à distinguer le processus de l'imagination reproductrice esquissé en ces extraits du livre V, de l'imagination-rêverie évoquée plus haut.

Arrêtons-nous un moment sur le rapport entre *figura* et *imago*. Les premières occurrences d'*imago* analysées en notre étude mettaient l'accent, en un sens platonicien, sur le statut ontologique de l'objet *imago* qui représente une copie (tant sur le plan visuel que sur le plan cognitif) dans sa relation à un modèle et dans son éloignement, en particulier, par rapport aux idées. En ce sens, l'*imago* revêt les caractéristiques de la pensée illusoire et de la rêverie. Dans le contexte du livre V qui fait intervenir l'imagination reproductrice, l'*imago* revêt le sens de l'image qu'un corps matériel imprime passivement sur nos sens : c'est le cas précisément dans le poème V m 4 qui relie les deux proses citées plus haut. Dans ce poème, Boèce, en polémique avec les stoïciens, déclare que notre esprit n'est pas une *tabula rasa*, mais qu'il va, au contraire, au-delà des impressions extérieures, pour se livrer à des opérations dans lesquelles il déploie une activité spontanée :

> Alors l'esprit est réveillé (*mentis uigor excitus*)
> Incite les *espèces* (*species*) qu'il contient
> À des mouvements similaires,
> Les applique aux marques externes
> Et mêle ces *images* (*imagines*) aux *formes* (*formis*)
> Cachées à l'intérieur de lui[24].

23. *Resp.*, VI, 509e10-510a3.
24. *Cons.*, V m 4, 35-40.

Certes, nous percevons des *imagines* provenant des corps extérieurs, mais notre esprit est aussi capable d'opérer une synthèse spontanée à l'aide des formes (*formae*) ou figures (*figurae*) qui résident en son intériorité. Dans ce modèle cognitif, la sollicitation de la *figura* représenterait l'une de ces opérations autonomes de l'esprit[25]. Cela explique sans doute pourquoi Boèce place l'*imaginatio*, lorsqu'elle consiste en une faculté *active* de représentation fondée sur les ressources intérieures de l'esprit, au-dessus de la sensation, contrairement à la ligne platonicienne, où l'εἰκασία est fortement dévalorisée.

Boèce place l'*imaginatio* [...] au-dessus de la sensation

De façon significative, cependant, la différence qui sépare ici, semble-t-il, *imago* et *figura* s'estompe *a contrario* chez un auteur comme Lucrèce, certainement parce que la théorie épicurienne de la connaissance repose sur les sens et sur la perception des simulacres que peuvent donc désigner, de façon indistincte, les termes *imago* et *figura*. Pour la même raison, *figura* se rapporte aussi, chez Lucrèce, à la vision onirique.

Outre ces deux premières facultés que sont la sensation et l'imagination, l'homme possède aussi la *ratio*, correspondant à la διάνοια chez Platon; cette faculté perçoit la *species*[26]. Dans la continuité de l'exemple précédent, on dira donc que nous avons la capacité de connaître un homme du point de vue du concept, en tant que membre de l'espèce humaine, laquelle peut faire l'objet d'une définition.

Quant à Dieu, il possède l'*intellegentia* (la νόησις en grec), mode de connaissance encore plus élevé ayant pour objet l'essence universelle ou la forme simple (l'ἰδέα). Dieu connaît l'homme dans son paradigme intelligible, en ayant une vision « simple » des choses, sur le mode de l'éternité. D'un seul coup d'œil (*in uno ictu*[27]), il contemple le passé et le futur sans porter atteinte au libre arbitre de l'homme. Les modes de connaissance sont donc hiérarchisés en fonction des « formes » auxquelles ils s'appliquent, en partant des formes dans la matière, pour aller vers des formes de plus en plus pures. Si un tel schéma rappelle, sur bien des points, le modèle platonicien de la ligne dans la *République*[28], Boèce évoquait déjà cette classification, nous l'avons noté, au début du commentaire au Περὶ ἑρμηνείας d'Aristote, à propos d'un passage du livre III du *De anima*[29] qui fournit précisément des indications fondamentales sur la théorie aristotélicienne de l'imagination[30].

D'après les démonstrations de Philosophie au livre V, pour re-connaître tant son essence et sa finalité que la finalité du monde, l'homme doit s'élever du stade de l'*imaginatio* et de la connaissance par les *figurae*, à celui de la *ratio*, puis de la *ratio* à l'*intellegentia*, point culminant du parcours qui mène

25. Sur ce passage, voir G. Ralfs, *Stufen des Bewusstseins*, *op. cit.*, p. 223-224.
26. En grec εἶδος.
27. Cf. *Cons.*, V m 2, 12; V, 5, 6, 40.
28. *Resp.*, VI, 509d-511e : notons toutefois que Platon place l'εἰκασία et la πίστις dans le domaine de la δόξα, et l'εἰκασία au dernier degré de la connaissance.
29. Aristote, *De anima*, III, 431b 20-432a 14 sur les différentes facultés de connaissance.
30. Ce qui a amené A. Fortescue (A. Fortescue and G. D. Smith (eds), *Boethi De* Consolatione Philosophiae *libri V*, London, Burns Oates & Washbourne, 1925, p. 150), à faire du *De anima* la source de la classification boécienne.

à la participation à Dieu[31]. Dans la prose V, 4, citée plus haut, Philosophie recourt à l'image du « dépassement », que disent des expressions comme *ratio hanc transcendit*[32]; de même en V, 5, elle exhorte le prisonnier à atteindre « le faîte de l'intelligence »[33]. L'imagination et le rêve représentent donc des attaches dont il faut se libérer dans la remontée vers le bien suprême. Cet appel à dépasser les formes inférieures de la connaissance est aussi un appel à adopter un regard surplombant similaire à celui de Dieu :

> Car je possède des ailes rapides
> Qui peuvent s'élever jusqu'au haut du ciel;
> Si l'esprit agile s'en revêt,
> *Il regarde de haut la terre* (*despicit terras*) qu'il abhorre.

Tels les prisonniers de la caverne, le personnage de la *Consolatio* est appelé à sortir d'un état de rêve et de léthargie. De fait, l'ouvrage est parcouru par l'opposition classique de la veille et du sommeil pour décrire la situation de l'âme dans sa condition incorporée[34] :

> « Je te crois », dit Philosophie; « *car désormais, je pense, le regard que tu portes sur la vérité est plus éveillé*. Mais ce que je vais dire maintenant n'a pas moins d'évidence à tes yeux »[35].

C'est pourquoi M. Fumaroli s'est risqué à définir la *Consolatio* comme « un rêve qui est plutôt un réveil »[36], parce qu'elle remet le prisonnier sur la voie de l'anamnèse, sur le modèle des *Noces de Philologie et de Mercure* de Martianus Capella, qui « sont déjà un rêve qui éveille »[37]. Tendre à la contemplation de la finalité, c'est donc se réveiller – mais c'est aussi, paradoxalement, mourir, mourir au monde sensible.

Dans cette structure dynamique, l'imagination apparaît pourtant comme une étape nécessaire de la thérapie, voire comme un adjuvant. Son rôle se déploie au moyen des ressources littéraires de la *Consolatio*, sur lesquelles se concentrera la dernière partie de nos analyses.

Le rêve et l'imagination créatrice, adjuvants de Philosophie?

Les images symboles : V m 5

Nous illustrerons, sans les développer, trois procédés d'écriture différents suscitant l'imagination créatrice du prisonnier – voire celle du lecteur – par le biais d'exercices de la pensée, et favorisant de ce fait son *iter* (« cheminement ») ascensionnel.

31. Laquelle est évoquée dans le *porisma* (corollaire) du livre III, 10, 25.
32. *Cons.*, V, 4, 29; *cf.* 30 : *intellegentiae celsior oculus; superegressa uniuersitatis ambitum*, etc. Pour des passages parallèles dans la littérature philosophique grecque et latine, *cf.* J. Gruber, *Kommentar zu Boethius De* Consolatione Philosophiae, Berlin-New York, W. De Gruyter, 2006², p. 389-390.
33. *Cons.*, V, 5, 12 : *summae intellegentiae cacumen.*
34. On trouve l'image par exemple chez Platon (*Apologie de Socrate*, 30e; *Ménon*, 86a) et Plotin (IV, 8, 1, 1-2).
35. *Cons.*, III, 12, 16.
36. M. Fumaroli, préface à Boèce, *Consolation de la philosophie*, trad. fr. par C. Lazam, Paris, Rivages, 2006, p. 23.
37. *Ibid.*, p. 25.

Quelle variété de *figures* (*figuris*) chez les êtres qui parcourent la Terre !
[…] Ils sont tous différents, ont des *formes variées* (*discrepare formis*) ;
Cependant leur face tournée vers le sol émousse et alourdit leurs sens ;
Seule la race humaine lève bien haut la tête,
Et, légère, se tient droit, regardant la terre d'en haut (*despicit terras*).
Si tes attaches terrestres ne t'ôtent pas toute raison, *cette figure t'avertit* (*ammonet figura*) :
Toi qui droit au ciel portes ton visage et élèves ton front,
Porte aussi vers le haut ton âme, pour que la pesanteur n'entraîne
Ton esprit, ne le ravale plus bas que ton corps[38].

Seul des animaux l'homme marque son dédain pour la terre, redresse la tête et regarde le ciel : Boèce reprend ici le motif du *status rectus,* très répandu chez les philosophes et dans la littérature chrétienne de l'Antiquité[39]. Mais l'exhortation de la seconde partie du poème (v. 12-15) infléchit ce topos dans la perspective platonicienne de la *Consolatio,* en faisant appel au dualisme anthropologique : ce que peut le corps humain (s'élever vers le haut), son esprit (*mens*) le peut aussi, *a fortiori*. Ce texte comme tant d'autres dans la *Consolatio* situe la finalité de l'homme dans l'ἐπάνοδος (« remontée (au principe) ») néoplatonicienne. Preuve en serait l'expression du vers 12 : *ammonet figura*. Comment traduire cette proposition ? Dans ce passage qui est celui de l'apologue à la « morale » et à l'exhortation, la phrase « de cela, c'est une *figure* (*figura*) qui t'avertit »[40] renvoie d'abord à la *figura* (ou configuration ; traits figuratifs) qui est celle, spécifique, de l'homme, élevé vers le haut. Mais l'expression fait aussi allusion, incontestablement, au mode de connaissance inférieur fondé sur les *figurae*[41], propre à l'imagination, dont le prisonnier, que nous voyons au début les yeux rivés vers la terre et affligé, doit se détourner pour regarder la terre d'en haut : *despicit terras* – l'expression fait écho à IV m 1, v. 4.

Mais il pourrait aussi s'agir d'une considération de Philosophie sur le mode de langage dont elle use dans un but pédagogique. En ce sens, les *figurae* seraient les représentations imagées et symboliques, typiques de la poésie, telle l'image du *status rectus* : une image-symbole sollicitant l'imagination, laquelle apparaît utile temporairement.

L'imagination comme exercice spirituel : la fonction du rêve et de la *catascopia* (« observation d'en haut »)

Au livre II, Philosophie reprend le thème ancien de la *catascopia* tel que Cicéron le développe à la fin de la *République*[42], dans un contexte onirique : Scipion Émilien rêve, en effet, qu'il se trouve dans la Voie lactée en présence de son auguste aïeul qui l'invite à se représenter, du haut de la

38. *Cons.*, V m 5, 1 et 8-15.
39. Nous nous permettons de renvoyer à nos *Lectures de Boèce, op. cit.*, p. 175-178, où le poème est analysé plus en détail : on trouvera à la note 117 p. 177 la bibliographie essentielle sur le thème du *status rectus.*
40. Cf. *ibid.*, p. 177-178.
41. Sans doute l'imagination, à laquelle fait appel le poème, plutôt que la sensation.
42. Cicéron, *De Republica*, désormais cité « *Rep.* », VI, XVII, 17-XX, 22 : Macrobe est peut-être la courroie de transmission entre le « Songe de Scipion » et Boèce.

sphère céleste, la vanité de l'existence humaine. Elle prodigue au prisonnier une exhortation identique :

> De ce canton si exigu du monde, à peine le quart, comme te l'ont enseigné les démonstrations de Ptolémée, est habité par des êtres vivants connus de nous. Si de ce quart *on retranche par la pensée* (*si cogitatione subtraxeris*) tout ce qui est recouvert par les mers et les marécages et toutes les étendues de désert aride, c'est à peine une aire extrêmement limitée qui restera pour être habitée par les hommes. Et c'est vous, étroitement enfermés dans ce que l'on pourrait appeler le centre ténu d'un point, qui occupez votre pensée de la diffusion de votre gloire, de la propagation de votre nom ? Que peut-il y avoir de large, que peut-il y avoir de grand dans une gloire comprimée entre des limites si étroites, si exiguës ?
> […] Mais si, pleinement conscient de sa propre nature et délivré de la prison terrestre, l'esprit, libre, gagne le ciel, ne va-t-il pas mépriser toute préoccupation terrestre, et, dans la joie du ciel, se réjouir d'être affranchi des choses terrestres ?[43]

Arrêtons-nous un moment sur l'expression *si cogitatione subtraxeris* : « si tu retranches par la pensée ». Il s'agit, à notre avis, d'une autre expression lexicale de l'imagination, mettant en jeu une démarche active de la pensée et correspondant pleinement à un exercice spirituel, destiné, comme l'a montré P. Hadot à propos de Marc Aurèle ou de Sénèque, « à procurer une vision des choses humaines qui les replace dans la perspective de la Nature universelle »[44].

À côté du texte de Cicéron, on pourrait, dans le registre stoïcien, convoquer le rôle thérapeutique de la contemplation du cosmos par l'imagination dans d'autres *Consolations*, celles de Sénèque en particulier :

> Jamais d'ailleurs les âmes supérieures ne se plaisent dans ce séjour du corps : elles brûlent de fuir, de s'évader, elles supportent impatiemment leur prison, accoutumées à errer librement dans les espaces célestes et à *contempler de très haut les choses humaines* (*ex alto humana despicere*)[45].

Or, si l'on se rappelle deux textes déjà cités, 5, 4, 30 et V m 4, 17 : « voir d'en haut » – *despiscere* – n'est autre que le propre de l'*intellegentia*. L'exercice du livre II pourrait alors être considéré comme un « paradigme » (au sens platonicien) de l'*intellegentia*, puisqu'au moyen de l'imagination l'homme accéderait, de manière analogique, à une vision d'ensemble des choses[46]. Ces ressources littéraires mises au service de la philosophie collaborent au

43. *Cons.*, II, 7, 4-6.

44. P. Hadot, *La citadelle intérieure. Introduction aux* Pensées *de Marc Aurèle*, Paris, Fayard, 1992, p. 273 ; cf. *Id.*, *Qu'est-ce que la philosophie antique ?*, Paris, Gallimard, 1995, p. 211-212 ; 314-316. *Si cogitatione subtraxeris* rappelle de près Marc Aurèle, *Meditationes.*, IV, 24 (περιαιρεῖν φαντασίας) ; *cf.* IX, 32 (πολλὰ περισσὰ περιελεῖν). La fonction d'exercice de l'imagination est moins nette dans le texte de Cicéron, qui comporte uniquement, dans la description de la terre vue d'en haut, l'expression *quibus amputatis cernis* […] (*Rep.*, VI, XX, 22). *Cf.* également, P. Rabbow, *Seelenführung, Methodik der Exerzitien in der Antike*, München, Kösel, 1954, p. 85-87.

45. Sénèque, *Ad Marciam*, 23, 2.

46. Nous retrouverons à la fin de cet article la figure de l'analogie, par laquelle l'imagination et le rêve seraient comme une *intellegentia* divine « en réduction ».

projet psychagogique animant l'ouvrage dans son entier. Dans son utilisation de l'instrument poétique dans une visée pédagogique, Boèce hérite de la tradition issue de Platon qui, tout en la dévalorisant par endroits comme mode de savoir inférieur, voit aussi dans l'imagination mythique – et notamment dans l'interprétation allégorique du mythe – un auxiliaire de *transmission* de la connaissance[47].

À ce stade de nos analyses, nous dirions que l'imagination se décline dans l'ouvrage sous trois aspects : une imagination-rêverie, porteuse d'illusions; une imagination reproductrice des formes sensibles, ensuite; enfin, une imagination créatrice, qui se nourrit des ressources de la littérature. Dans cette dernière perspective, la question illustre pleinement la nécessité d'étudier les formes littéraires de la philosophie : celles qu'emprunte Boèce revêtent, en effet, un enjeu décisif. Car en stimulant l'imagination, le dialogue fait naître des images et des mondes possibles, selon un procédé propre à la fiction, valorisé par Aristote. Dans la *Poétique*, il affirme, en effet, que la poésie, en tant qu'elle s'occupe de ce qui *pourrait* arriver – et, partant, du général –, est plus philosophique que l'histoire qui porte sur le particulier[48].

La question de l'imagination dans la *Consolatio* est donc étroitement liée à une *poétique de la fiction*, qui nous renvoie au début du livre I et au statut même de l'apparition de Philosophie et du dialogue qu'elle noue avec le narrateur : l'apparition est-elle le fruit du rêve ou de l'imagination du prisonnier? Par sa place introductive, inaugure-t-elle ces procédés littéraires qui s'adressent spécifiquement à l'imagination et accompagnent la cure philosophique, comme un moment nécessaire de celle-ci?

L'apparition de Philosophie : le motif littéraire du récit de songe?

La question est d'abord d'ordre linguistique et littéraire; et elle est en partie piégée par l'usage du verbe *uideor* (*uisa est*) qui a pour fonction d'introduire l'apparition de Philosophie dans la narration, mais qui est aussi, au regret du lecteur, profondément ambigu.

Le passage est le suivant : « Voilà que je ruminais silencieusement en mon for intérieur, confiant à ma plume le soin de mettre par écrit mes plaintes pitoyables; c'est alors qu'une femme *adstitisse mihi supra uerticem uisa est* »[49].

Certains traduisent : « il me sembla que se tenait au-dessus de ma tête »[50], tandis que pour d'autres, l'expression signifierait : « cette femme se présenta à ma vue »[51]. *Videor* est en somme un verbe *modal épistémique* qui, tel un curseur, peut modifier la relation entre le sujet et l'objet de sa perception ou de sa connaissance, et se placer tantôt du côté de la constatation – « se

47. Comme l'a bien rappelé, en effet, M. Armisen, « La notion d'imagination… », art. cit., p. 25-26, la position de Platon vis-à-vis de l'imagination est ambivalente; il convient de distinguer au moins deux niveaux différents de l'évaluation platonicienne de l'imagination : celui du savoir lui-même; celui de la communication de la connaissance.

48. Aristote, *Poétique*, 1451a-b.

49. *Cons.*, I, 1, 1.

50. Citons, entre autres, A. Bocognano, *Boèce. La Consolation de la philosophie*, Paris, Garnier, 1937 : « J'eus l'impression qu'au-dessus de ma tête s'était dressée une femme ».

51. Traduction de C. Lazam, *op. cit.*

montrer au regard » –, tantôt du côté d'une connaissance beaucoup plus incertaine – « sembler (à x) »; d'où : « x a l'impression que » – de l'ordre de l'imaginaire ou du rêve[52].

L'usage de ce verbe modal et ambigu alerte d'emblée le lecteur sur la nature de l'apparition : est-ce un rêve? Ou un fantasme, comme le serait la suite de la *Consolatio*? Faut-il, au contraire, prendre cette apparition au sérieux? Comme s'il était impossible, en fin de compte, d'y échapper, nous voici ramenée à la question laissée de côté en introduction : celle de la *Traumerscheinung*. Ainsi, dans de nombreuses miniatures médiévales, Philosophie est représentée comme une vision de songe[53]; plusieurs commentateurs ont pris un parti identique[54]. Par exemple, J. Gruber déclare, exemples à l'appui, que *uideor*, comme le verbe grec δοκεῖν (« sembler »), est un terme technique non seulement de la tradition de l'épiphanie mais aussi de la *Traumerscheinung*[55]. Si l'on considère que δοκεῖν est le modèle de Boèce, alors on ne voit pas bien, effectivement, quelle autre expression celui-ci aurait pu utiliser, si ce n'est *uisa est*. Il n'en reste, cependant, que *uideor* est porteur d'une ambiguïté absente dans le verbe grec. La question que nous posons n'est donc pas résolue.

Pour indécidable que soit la lettre du texte, le personnage de Philosophie ne nous paraît pas être entouré d'un halo onirique susceptible de conditionner l'interprétation globale de l'ouvrage. En tout cas, les teintes phantasmatiques de la scène initiale s'estompent rapidement pour laisser place à un solide registre didactique au fil des livres, avant l'invitation à la prière et le silence du prisonnier dans les dernières lignes du livre V : cette fin abrupte a donné lieu à des spéculations variées. En suivant T. F. Curley, qui a proposé de lire la structure narrative de la *Consolatio* à la lumière des distinctions théoriques épistémologiques du livre V[56], nous dirions qu'au livre I, le prisonnier se situe encore au niveau de la sensation[57]; le livre II fait appel à l'imagination en recourant, notamment, aux ressources de la théâtralité – lorsque Philosophie joue le rôle de la Fortune personnifiée –, et à des œuvres d'imagination comme la légende, la tragédie ou l'épopée, mais aussi, comme on vient de le voir, à des exercices de l'imagination telle la *catascopia*. Les livres III et IV font

52. Ainsi, comme nous l'avons noté, M. Fumaroli, dans sa préface à Boèce, *Consolation de la philosophie*, *op. cit.*, p. 30, prend le parti du rêve : « Sa maïeutique, ne l'oublions pas, agit à l'intérieur d'un rêve. Et ce rêve est déjà l'amorce d'une conversion ».

53. On en trouvera des exemples dans P. Courcelle, *La* Consolation de Philosophie *dans la tradition littéraire*, *op. cit.*, (Iconographie de la *Consolation*), qui lui-même s'interroge sur le statut ontologique de l'apparition (p. 17-28).

54. W. E. Helleman, *The Feminine Personification of Wisdom. A Study of Homer's* Penelope, *Cappadocian* Macrina, *Boethius'* Philosophia, *and Dante's* Beatrice, Lewiston-Queenston-Lampeter, The Edwin Mellen Press, 2009, pose la question du « statut » ontologique de Philosophie, p. 110 et p. 118-119; *cf.* J. Gruber, « Die Erscheinung der Philosophie in der *Consolatio Philosophiae* des Boethius », *Rheinisches Museum für Philologie* 112, 1969, p. 166-186; Chadwick, *Boethius : The Consolations of Music, Logic, Theology, and Philosophy*, Oxford, Oxford University Press, 1981, p. 225 : « But then a dreamlike vision follows in the ensuing prose section (a dream wich is the ancestor of many mediaeval dream-poems). »; *cf.* p. 249-251.

55. Voir J. Gruber, *Kommentar zu Boethius De* Consolatione Philosophiae, *op. cit.*, p. 62-63; on trouvera également de nombreux exemples du motif du rêve comme entrée en matière poétique dans W. Suerbaum, *Untersuchungen zur Selbstdarstellung älterer römischer Dichter : Livius Andronicus, Naevius, Ennius*, Hildesheim, Georg Olms, 1968, p. 92-96.

56. T. F. Curley, « How to Read the *Consolation of Philosophy* », *Interpretation : A Journal of Bible and Theology* 14, 1986, p. 211-263 (en particulier p. 215-219).

57. Le prisonnier insiste sur sa prostration et sur les détails de son dépérissement corporel en I m 1.

appel à la raison, tandis que le livre V nous élève vers l'*intellegentia*, selon une structure dynamique qui accompagnerait la structure épistémologique ascendante évoquée plus haut.

L'imagination et la rêverie sont donc non seulement des *éléments doctrinaux* de la théorie des modes de connaissance, développée par Boèce au livre V, mais ils sont aussi des *moyens* sollicités par Philosophie dans la cure appliquée au prisonnier, laquelle suit précisément l'échelle épistémologique évoquée au livre V. Enfin, pour faire appel à l'imagination en ce but psychagogique, Boèce exploite les multiples ressources des *formes littéraires* offertes par le prosimètre[58].

Conclusion : le rêve, le temps et l'éternité, une réécriture borgésienne de la *Consolatio*

Au terme de cette étude, nous avons choisi d'évoquer les prolongements imaginaires et oniriques dont la *Consolatio* est elle-même l'origine, en prenant l'exemple de Borgès.

Celui-ci évoque la *Consolatio* dans une conférence donnée à Buenos Aires, intitulée « Le Cauchemar », publiée par la suite dans le recueil *Sept nuits*[59]. Dans cette conférence consacrée aux rêves – « genre dont le cauchemar est l'espèce »[60] – Borgès discute de la théorie du temps développée par J. W. Dunne, laquelle suppose, d'une part, un emboîtement de sujets conscients (qui rappelle la hiérarchie des modes de connaissance et des êtres connaissants dans la *Consolatio*)[61] et, de l'autre, un lien étroit entre la vision de l'éternité, qui serait le propre de Dieu, et la nature du rêve. Borgès déclare ainsi :

> Je pense maintenant au livre de Dunne, *An Experiment with Time*[62]. Je ne suis pas d'accord avec sa théorie mais elle est si séduisante qu'elle mérite d'être exposée. Mais auparavant, et pour la rendre plus claire (je saute d'un livre à un autre, mes souvenirs sont plus agiles que mes pensées), je voudrais rappeler le grand livre de Boèce, *De Consolatione philosophiae*, que Dante a sans doute lu et relu comme il a lu et relu toute la littérature du Moyen Âge.

Borgès choisit donc de « rendre claire » – selon ses mots – la théorie de Dunne au moyen d'une interprétation personnelle des proses V, 4-5 de la *Consolatio*, citées plus haut, dans lesquelles Boèce, en avançant l'hypothèse – originale – d'une sorte d'inclusion des différents modes de connaissance, sauvegardait l'idée du libre-arbitre et celle de la prescience divine. Or l'interprétation du passage par Borgès, nourrie de son imaginaire personnel, met en relief, nous semble-t-il, au moins deux caractéristiques de l'activité onirique. Et elle remet en question, d'autre part, pour ne pas dire qu'elle le

58. Nous en avons donné des exemples liés à l'usage du dialogue, de la poésie et de l'épiphanie.

59. J. L. Borgès, *Sept nuits*, dans *Œuvres complètes*, II, Bibliothèque de la Pléiade, Paris, Gallimard, 2010, p. 654-668.

60. *Ibid.*, p. 654.

61. Dans « Le Temps et J. W. Dunne », *Autres inquisitions, Œuvres complètes*, I, Bibliothèque de la Pléiade, Paris, Gallimard, 2010, p. 686-689, Borgès décrit la théorie de Dunne en ces termes : « un sujet conscient n'est pas seulement conscient de ce qu'il observe, mais d'un sujet A qui observe et, par conséquent, d'un deuxième sujet B, conscient de A et, par conséquent, d'un troisième sujet C, conscient de B ».

62. Paru en 1927 (édition française : *Le temps et le rêve*, trad. fr. E. de Veauce, Paris, Seuil, 1948).

renverse, le fondement de la conception « scalaire » de la connaissance qui revêt un rôle décisif dans la *Consolatio*.

Alors qu'en V, 4, Boèce n'évoquait qu'incidemment une course hippique[63], en prenant pour point de départ cet élément plutôt insignifiant, Borgès réécrit entièrement le passage de la *Consolatio* en question, en imaginant – ou plutôt en imaginant que Boèce imagine – un emboîtement de spectateurs de la course, selon un procédé d'inclusion vertigineuse qui est le propre du rêve :

> Boèce, qu'on a appelé *le dernier romain*, le sénateur Boèce, imagine un spectateur qui assiste à une course de chevaux. Ce spectateur est dans l'hippodrome et, de sa loge, il voit les chevaux, le départ de la course, ses vicissitudes, l'arrivée au poteau de l'un des chevaux, tout cela successivement. Mais *Boèce imagine un autre spectateur qui est à la fois spectateur du spectateur et spectateur de la course* : c'est, on l'a deviné, Dieu. Dieu voit l'ensemble de la course, il voit en un seul instant éternel, en leur éternité instantanée, le départ des chevaux, les vicissitudes de la course, l'arrivée. Il voit tout d'un seul ample coup d'œil, comme il voit toute l'histoire universelle. Boèce sauvegarde ainsi ces deux notions : l'idée du libre arbitre et l'idée de la Providence. De même que le spectateur voit toute la course sans intervenir dans son déroulement (mais il la voit de façon successive), Dieu voit toute la course, du berceau à la tombe. […] Il voit tout cela en un seul instant splendide et vertigineux qui est l'éternité[64].

Ensuite, il met en relation l'image des regards emboîtés avec la théorie du temps de Dunne, comme il l'avait annoncé, et éclaire de ce fait un élément supplémentaire de l'activité onirique. En effet, Dunne

> imagine que chacun de nous possède une sorte de modeste éternité personnelle : cette modeste éternité, nous la possédons chaque nuit […]. *À chaque homme il est donné, par le rêve, une petite éternité personnelle qui lui permet de voir son proche passé et son proche avenir. Tout cela, le rêveur le voit d'un seul coup d'œil, comme Dieu, depuis sa vaste éternité, voit tout le processus cosmique*. Que se passe-t-il au réveil? Comme nous sommes habitués à la vie successive, il se passe que nous donnons une forme narrative à notre rêve mais ce rêve a été tout à la fois multiple et simultané[65].

Dans le rêve, en effet, prévalent la simultanéité et l'instantanéité; c'est dans le *récit* de nos rêves que nous reconstruisons, après-coup, une succession temporelle.

Par sa relecture personnelle du livre V de la *Consolatio*, Borgès tente d'éclairer pour son auditoire la théorie singulière de Dunne – dont il se désolidarise par ailleurs –, qui attribue au rêveur la capacité de percevoir le monde *sub specie aeternitatis*. Mais c'est dans la reformulation borgésienne de cette théorie à la lumière de la *Consolatio*, qu'apparaît le renversement surprenant de la thèse fondamentale de Boèce. Car dans l'interprétation de

63. En *Cons.*, V, 4, 15 : voir *supra*, note 17.
64. J. L. Borgès, *Sept nuits*, *op. cit.*, p. 655.
65. *Ibid.*, p. 656.

Borgès, les modes de connaissance, dont la hiérarchie structure le système platonicien dans son entier, en viennent, sous l'effet du travail poétique du rêve, à se télescoper brusquement. Ainsi, ce n'est que par le rêve, par cette faculté située tout en bas de l'échelle, que l'homme rejoint – dans un processus qui tient, là encore, de l'analogie[66] – le regard surplombant de Dieu et participe de son éternité.

Sophie Van der Meeren
Université Rennes 2, CELLAM – Institut d'études augustiniennes

66. Sur l'*imaginatio* comme processus *analogue* de l'*intellegentia*, cf. *supra*, p. 54

DOSSIER

Rêve et imagination : approches antiques

QUI RÊVE ? SONGES, VISIONS ET ÉTHIQUE CHEZ AUGUSTIN

Isabelle Koch

Lorsque je rêve que je commets un délit, dois-je être blâmée pour mon rêve, ou pour ce que je fais en rêve ? Augustin, comme la plupart des Pères de l'Église occidentale, répond par la négative à cette question. Pourtant, il défend plusieurs thèses qui semblent difficiles à concilier avec celle de la neutralité éthique des songes. En particulier, il considère que les émotions ou les pensées oniriques sont de véritables affects, sont de vrais actes de connaissance, et que nous les reconnaissons comme tels au réveil. En prenant en compte la phénoménologie très fine du rêve qu'offre Augustin, nous tenterons de comprendre pourquoi il tient pour évident qu'en rêve, il n'y a pas de péché.

Lorsque je rêve que je commets un délit, est-ce que je commets un délit, et dois-je être blâmée pour mon rêve ? ou dois-je être blâmée pour ce que je fais dans mon rêve ? Quelque deux siècles avant Augustin, Tertullien a donné une réponse nette à cette question :

> En fin de compte, dans les rêves, les bonnes actions ne coûtent rien, et les délits ne risquent rien. Nous ne serons pas plus condamnés pour un viol commis en rêve que nous ne serons couronnés pour un martyre subi en rêve[1].

Augustin adopte la même position tranchée. Ainsi, à propos des rêves sexuels, il affirme qu'il n'y a pas en eux de péché : si luxurieux soient-ils, « nous retrouvons au réveil le repos de la conscience »[2]. Cette affirmation a de quoi

1. Tertullien, *De Anima* XLV 4, J. H. Waszink (ed.), Amsterdam, H. J. Paris, 1947, p. 62, ma traduction.
2. *Confessions*, désormais cité « *Conf.* », X 41. Sauf indication contraire, les textes d'Augustin seront cités dans ma traduction, d'après le texte latin édité dans la Bibliothèque Augustinienne (désormais citée BA).

surprendre[3], car Augustin se montre toujours attentif à détecter le mal dans la moindre des volitions humaines, indépendamment même de tout passage à l'acte. Mais cette détection s'arrête aux portes du sommeil, et il semble tenir le rêve pour un état à part, où les jugements éthiques sont suspendus. Pourtant, comme beaucoup de chrétiens de son temps, il admet que les rêves peuvent être l'instrument d'une tentation maligne[4]. Par ailleurs, il considère que les rêves souvent prolongent dans le sommeil des désirs, louables ou blâmables, qui nous agitent à l'état de veille. Mais même lorsqu'il y a continuité ou écho de la veille au sommeil, en rêve il n'y a pas de péché.

Dans un article consacré à l'immoralité du rêve[5], Gareth Matthews identifie trois justifications possibles de la neutralité éthique des rêves. 1) Mon moi en rêve n'est pas moi, ou n'est pas vraiment moi. Aussi ne puis-je être tenue pour responsable de mes rêves, où j'ai des comportements qui ne sont pas vraiment miens. 2) Ce que je fais en rêve n'est pas quelque chose qui arrive réellement. On ne peut donc m'imputer un acte qui n'existe pas. 3) Ce que je fais en rêve, tout comme l'activité même de rêver, ne sont pas des choses que je peux m'empêcher de faire, et s'apparentent donc à des actions involontaires. N'étant responsable que de ce que je peux m'empêcher de faire, je ne peux être tenue pour responsable de mes rêves ni être blâmée pour ce que je fais en rêve.

Selon Matthews, ce n'est pour aucune de ces trois raisons qu'Augustin considère qu'on ne peut pas être immoral en rêve[6]. Ne voyant pas d'autres raisons qui pourraient placer le rêve en marge de toute qualification morale, il conclut qu'Augustin ne justifie tout simplement pas sa thèse. De fait, nous trouvons chez Augustin des textes qui semblent utiliser l'une ou l'autre de ces trois raisons, et des textes qui au contraire les nient, ce qui rend la position d'Augustin difficile à saisir. Il me semble néanmoins que son affirmation claire de la neutralité éthique des rêves ne se borne pas à l'adoption sans justification de la position doctrinale propre à l'Église d'Occident[7], et qu'elle repose sur des raisons philosophiquement identifiables.

Qu'est-ce qui rêve en nous?

Il faut d'abord préciser ce qu'est le rêve, pour Augustin, et de quelle part du sujet il émane. Même s'il accepte l'idée que des esprits, bons ou mauvais, nous envoient parfois des rêves (qu'il appelle alors *visiones* plutôt que *somnia*), son approche en est principalement psychologique. Le rêve fait partie d'un ensemble de productions de l'esprit humain, compris ici comme *spiritus*, partie de l'âme où se forment et sont conservées des images de ce que nous

3. *Cf.* S. Lienyueh Wei, « The Absence of Sin in Sexual Dreams in the Writings of Augustine and Cassian », *Vigiliae Christianae*, vol. 66, n° 4, 2012, p. 362-378, ici p. 363.
4. *Cf.* M. Dulaey, *Le rêve dans la vie et la pensée de saint Augustin*, Paris, Études augustiniennes, 1973, p. 138.
5. G. Matthews, « On Being Immoral in a Dream », *Philosophy* 56, n° 215, 1981, p. 47-54 ; *cf.* p. 48-49.
6. Cf. *ibid.* avec les textes clés : p. 50 (*Contre les Académiciens* III 11, 26) ; p. 51 (*Sur le sermon du Seigneur sur la montagne* I 12, 33-34) ; p. 53 (*Conf.* X 41).
7. *Cf.* Tertullien, *De Anima*, éd. cit., p. 486. Les Pères d'Orient étaient plus hésitants sur la question, comme le note M. Dulaey, *Le rêve dans la vie et la pensée de saint Augustin*, *op. cit.*, p. 136, n. 65.

sentons[8], distincte de la *mens* rationnelle ou *intellectus*. Le caractère non rationnel du *spiritus* se marque à ceci qu'il n'est pas spécifiquement humain : les animaux aussi ont une âme « spirituelle », et, de fait, ils rêvent (Augustin cite l'exemple des chiens qui aboient en dormant[9]).

Pour désigner les objets incorporels du *spiritus*, Augustin recourt au registre mimétique : ce sont des « images de corps » (*imagines corporis*), des « semblances de corps » (*similitudines corporis*), des « ressemblances » (*similia*), des « imaginations » (*phantasiae*), des « visions imaginaires » (*visa imaginaria*). Il s'émerveille souvent de cette capacité qu'a l'âme, assignée à la petite partie du monde où se trouve son petit corps, de déployer en elle des images de l'univers tout entier[10]. Ces images mémorisées, que l'âme voit « spirituellement » lorsqu'elle porte sur elles son attention, sont incorporelles (elles ont une « substance spirituelle »), tout en dépendant des réalités corporelles (*corporalia*) puisqu'elles en sont des imitations.

Pourquoi rêvons-nous ?

Le rêve dépend aussi du corps. Nous rêvons par notre *spiritus*, et nous rêvons parce que nous avons un corps, qui exige des périodes régulières de sommeil, état qui est une condition du rêve : « Dormir vient du corps de l'homme »[11]. Le corps intervient dans la production des rêves de façon indirecte, selon deux modalités.

Tout d'abord, les images du rêve peuvent être suggérées à l'âme par le corps. Par exemple, si je m'endors en ayant soif, j'ai de grandes chances, au cours de la nuit, de rêver que j'ai soif et que je bois. Ce pouvoir suggestif n'est toutefois pas propre au corps, et nos inquiétudes ou nos intérêts, même lorsqu'ils ne sont pas exclusivement corporels, peuvent agir ainsi – et nous pouvons même avoir des songes très spéculatifs[12] :

> Ceux qui dorment, souvent, rêvent de ce dont ils manquent : ils s'occupent de leurs affaires, et cela vient de la cupidité de leur âme, ils se pressent avidement aux repas et se jettent sur les coupes, si par hasard ils se sont endormis en ayant faim et soif[13].

Comment s'exerce cette influence ? À l'état vigile, nous ne pouvons éprouver des affections (soif, cupidité), agir ou raisonner sans en produire des images psychiques. Pour Augustin, le *spiritus* est caractérisé par une activité intense et permanente de production d'images. Ces images, formées dans notre esprit au cours de nos expériences[14], sont mises en réserve dans la mémoire. Lorsque nous dormons, elles sont rebrassées par notre esprit,

8. *De Genesi ad litteram*, désormais cité « *De Gen. ad litt.* », XII 20 : « Ce qu'on appelle au sens propre "esprit", c'est une certaine puissance de l'âme, inférieure à l'esprit rationnel, où s'impriment les images des choses corporelles ».
9. *Contra Epistulam fundamenti* 17.
10. *Ibid.*
11. *De Gen. ad litt.* XII 41.
12. Cf. *De immortalitate animae* 14, 23 ; *De cura pro mortuis gerenda* 13.
13. *De Gen. ad litt.* XII 58.
14. *Ibid.*

« en troupeaux et de façons multiples [...] et tout cela, c'est le sommeil et les rêves »[15].

La seconde manière qu'a le corps de provoquer le rêve concerne non plus son contenu mais ce qui le caractérise en tant que phénomène psychique, à savoir l'effet de réalité qu'il produit, instaurant une indiscernabilité entre apparence et réalité. Le livre XII du *Commentaire de la* Genèse *au sens littéral* élabore à propos de cette indiscernabilité une typologie qui permet de préciser le rôle du corps. Le corps peut induire une confusion entre les images intérieures que voit l'âme (les *visa*) et les choses réelles dans trois cas[16] : le sommeil, état dans lequel l'esprit rêve et ne peut distinguer les images oniriques d'objets réels; des pathologies passagères, où les « frénétiques », tout en étant éveillés, voient ensemble et sans les distinguer des corps réels et des images de corps, *res* et *visiones* étant juxtaposées dans un même champ d'apparaître; enfin, des états prolongés comme le coma, situation similaire à celle des rêveurs, mais produite par un état corporel différent du sommeil. Augustin ne veut pas dire par là que le corps agit sur l'âme pour la faire rêver, ou délirer. La théorie augustinienne du rêve ne déroge pas aux principes de son ontologie, qui exclut que le corps agisse sur l'âme, ontologiquement supérieure aux *corporalia* : un esprit ne peut pâtir que du fait d'un autre esprit (ainsi dans les visions, démoniaques ou prophétiques). Que les images vues en rêve dérivent d'expériences produites par la rencontre avec des corps n'entame en rien la primauté de l'esprit sur le corps, car, dès la formation d'images psychiques au moment même de l'expérience sensible, c'est déjà l'esprit qui agit, et non le corps[17]. Dans les trois cas distingués par Augustin, le corps joue un rôle dans la production d'images indiscernables du réel en perturbant voire en empêchant le fonctionnement normal de l'attention, y compris dans le cas du phénomène naturel (*naturalis uicissitudo*[18]) non pathologique du sommeil.

Un esprit ne peut pâtir que du fait d'un autre esprit

Le rôle du corps dans la production par l'esprit de *visa* oniriques indiscernables du réel est donc indirect :

> Lorsque le parcours de l'attention est assoupi, perturbé ou même interrompu à partir du cerveau, attention par laquelle le processus de la sensation est dirigé, l'âme elle-même – qui ne peut de son propre mouvement faire cesser cette activité –, parce que le corps ne la laisse pas, ou ne la laisse pas pleinement sentir les réalités corporelles ou diriger vers elles la force de son attention, produit par son esprit des images de réalités corporelles, ou contemple celles qui se présentent à elle. Et si c'est elle-même qui les produit, ce ne sont que des

15. *De quantitate animae* 71.
16. *De Gen. ad litt.* XII 42.
17. *Ibid.*, XII 42; 33; 40.
18. *Ibid.*, XII 41.

représentations imaginaires (*phantasiae*), mais si elle contemple des images qui se présentent à elle, ce sont des apparitions (*ostensiones*)[19].

Selon Augustin tout rapport perceptif à un corps réel et présent suppose l'exercice d'une force psychique appelée *intentio* (attention) ou encore *voluntas*, dont il démontre l'intervention à partir des expériences d'inattention, qui rendent imperceptible un objet pourtant placé dans notre champ perceptif[20]. Or le sommeil met le corps (le cerveau, plus exactement) dans un état tel que l'*intentio* est bloquée au point de départ de sa tension vers l'extériorité[21]. Déviée de son parcours normal, elle se fixe sur autre chose que son objet attendu, à savoir sur les *visa* du rêve, que l'âme produit en elle-même à partir des images de toutes sortes de choses, précédemment perçues ou imaginées, qu'elle garde en elle[22]. Augustin conclut :

> L'endroit où se situe l'empêchement à sentir les réalités corporelles, quand il survient dans le corps, est donc d'une grande importance. [...] Si la cause est à l'intérieur, dans le cerveau, à partir d'où sont dirigées les voies qui vont vers les objets à percevoir, qui sont situés au-dehors, ce sont les canaux eux-mêmes de l'attention, par lesquels l'âme s'efforce de voir ou de sentir les choses extérieures, qui sont assoupis, perturbés ou interrompus[23].

Dans le cas du sommeil, ce blocage de l'attention psychique, qui se retire des organes sensoriels, a pour fonction de restaurer l'acuité sensorielle par un repos qui, quotidiennement, met les sens « en vacances »[24]. Pendant ces pauses, incapable de suspendre sa propre activité, l'âme « remue par elle-même, en troupeaux et de façons multiples, les images des réalités, qu'elle a puisées par leur entremise [*i. e.* celle des sens], et tout cela, c'est le sommeil et les rêves »[25]. Elle se trouve là incapable de distinguer ses propres productions imaginaires des réalités à l'image desquelles elle les a formées, précisément en raison de la puissance de son attention :

> Puisque l'âme ne relâche pas son effort, elle façonne des apparences avec un tel relief (*tanta expressione*) que, incapable de distinguer les images des réalités corporelles des réalités corporelles elles-mêmes, elle ne sait plus si elle est au milieu des unes ou des autres[26].

Les rêves sont ainsi des images que l'âme produit en elle-même, conformément à la puissance étonnante qu'elle a de le faire, et qu'elle produit dans des conditions particulières, où l'attention qu'elle porte normalement aux

19. *Ibid.*, XII 42. Le couple *phantasiae-ostensiones* est la formulation la plus technique chez Augustin de la distinction entre rêves et hallucinations, *cf.* M. Dulaey, *Le rêve dans la vie et la pensée de saint Augustin*, *op. cit.*, p. 93-96 et p. 109-113.
20. *De Trinitate* XI 2, 2 ; 6, 10 ; 8, 15.
21. Cas distinct de la cécité, où le blocage, explique Augustin, a lieu au niveau de l'organe sensoriel, en raison d'une déficience de l'œil, cf. *De Gen. ad litt.* XII 42.
22. *Ibid.*
23. *Ibid.*, XII 43 : « [...] sopiuntur uel turbantur uel intercluduntur ». On reconnaît ici la triple catégorisation des dormeurs, des frénétiques et des comateux.
24. *De quantitate animae* 71.
25. *Ibid.*
26. *De Gen. ad litt.* XII 43.

réalités extérieures est déviée par le sommeil, qui fait obstacle à son trajet intentionnel normal du cerveau vers les objets extérieurs et les organes corporels par lesquels nous les percevons. Cette attention privée de ses objets normaux se donne alors d'autres objets sur lesquels se fixer : les images du rêve, caractérisées par leur « relief », c'est-à-dire un mode de présence à l'âme qui occulte la différence, normalement ressentie, entre apparence et réalité.

Ce qui se passe en rêve est-il réel ?

Images psychiques produites par l'âme dans des conditions corporelles particulières, les *visa* oniriques posent le problème de leur réalité. Augustin s'intéresse en plusieurs textes à la réalité et à l'irréalité du rêve. L'un des plus riches est le livre IV du traité *Sur la nature et l'origine de l'âme*, adressé à un ex-donatiste, Vincent Victor[27], qui défendait des thèses sur l'âme dans la lignée de la psychologie de Tertullien[28], elle-même inspirée de la doctrine stoïcienne de l'âme comme *pneuma*. Selon Vincent Victor, l'âme est une sorte de fluide corporel qui, infusé directement par Dieu dans le corps de chair à la naissance, se répand en lui et « coagule » comme une « substance qui se solidifie », épousant de l'intérieur « le contour de la gaine corporelle »[29]. Pour critiquer cette doctrine, Augustin utilise un certain nombre d'arguments tirés des rêves, répondant à un adversaire qui lui aussi tire grand parti du phénomène onirique. Le rêve occupe ainsi une place de choix dans la polémique, servant alternativement la cause de l'incorporéité de l'âme comme celle de sa corporéité.

Pour Vincent Victor, le rêve dissocie le corps pneumatique qu'est l'âme de sa *vagina corporalis*. L'âme corporelle se meut alors indépendamment des membres corporels qui, eux, restent en repos, comme l'atteste le contraste entre l'agitation des rêves et l'immobilité du dormeur couché dans son lit. Il s'agit donc d'une doctrine réaliste du rêve : ce que nous faisons en rêve, c'est ce que fait réellement notre âme en tant qu'elle est alors un corps qui se meut tout seul, sans mouvoir aussi sa « gaine » charnelle.

Contre ce réalisme du rêve, solidaire de la corporéité de l'âme, Augustin met en avant l'incorporéité des objets qui, dans le rêve, entourent le soi qui se rêve parmi eux. Lorsque je me vois en rêve[30], je m'apparais avec un simili-corps, je me promène dans des simili-lieux, j'évolue dans un simili-monde, et,

27. Sur Vincent Victor, *cf.* BA 22 (*La crise pélagienne II : De gratia Christi et de peccato originali. De natura et origine animae*, intro., trad. fr. et notes J. Plagnieux et F.-J. Thonnard, Paris, Desclée de Brouwer, 1975), note complémentaire 28, p. 759-764. Sur le *De natura et origine animae*, désormais cité « *De nat. et orig. an.* », texte qui date sans doute de 419, *cf.* l'introduction au traité dans ce même vol. 22, *ibid.*, p. 273 *sq.*

28. Sur la corporéité de l'âme chez Tertullien, cf. *De Anima* 5-8, éd. Waskink p. 6-10 (texte latin) et 125-162 (trad. et comm.). Augustin attaque le corporalisme de Tertullien notamment au livre X du *De Gen. ad litt.* (24-26), où il discute explicitement son *De Anima*. Ces critiques sont sans doute antérieures au *De nat. et orig. an.* et à la polémique avec Vincent Victor : *cf.* M. Sirridge, « Dream Bodies and Dream Pains in Augustine's *De Natura et Origine Animae* », *Vivarium*, vol. 43, n° 2, 2005, p. 213-249, ici p. 227 n. 34; et R. J. O'Connell, *The Origin of the Soul in St. Augustine's Later Works*, New York, Fordham University Press, 1987, p. 201-245.

29. Formules de Vincent Victor citées par Augustin, *De nat. et orig. an.* IV 14, 20. Sur l'âme comme corps pneumatique moulé ou engainé dans le corps de chair, *cf.* M. Sirridge, « Dream Bodies and Dream Pains… », art. cit., p. 223-224.

30. Augustin semble tenir pour évident que nous sommes toujours acteurs dans nos rêves, ou en tout cas que nous ne faisons jamais de rêves dont nous serions absents.

le cas échéant, je discute avec de simili-interlocuteurs. Puis, une fois réveillée, je reconnais que tout cela est pure apparence sans réalité :

> En effet, ce n'est pas avec son corps que l'âme s'apparaît à elle-même en rêve ; et pourtant, c'est dans la semblance même de son corps (*in ea ipsa similitudine corporis sui*) qu'elle parcourt des lieux inconnus et des lieux connus, et qu'elle éprouve quantité de joies ou de tristesses. Mais toi non plus, je pense, tu n'oserais pas dire que cette configuration du corps et des membres, que l'âme a l'impression d'avoir en rêve, est un vrai corps. Car, à ce compte, ce sera une vraie montagne qu'elle aura l'impression d'escalader, et dans une maison matérielle qu'elle aura l'impression d'entrer, et sous un arbre véritable, avec un corps en vrai bois, qu'elle aura l'impression de s'étendre, et une eau véritable qu'elle aura l'impression de boire ! Et tous ces objets, parmi lesquels l'âme tourne et retourne comme s'ils étaient des corps, ils seront des corps si elle-même est un corps – elle qui, en une image ressemblante, tourne et retourne parmi tous ces grands objets[31].

La fin du texte formule à demi-mot un *modus tollens* : si l'âme est un corps, les objets parmi lesquels elle circule en rêve le sont aussi (on peut supposer que l'argument implicite est : sinon comment un vrai corps pourrait-il escalader une fausse montagne ?) ; or ces objets ne sont pas des corps, mais des images incorporelles de corps (sinon l'âme ne pourrait contenir en elle *cuncta illa*) ; donc l'âme n'est pas un corps.

Dans nos rêves, nous avons un faux corps

Une version plus forte de l'argument est donnée à travers le récit du rêve de la martyre Sainte Perpétue[32]. Avant son martyre, Perpétue avait rêvé qu'elle était un homme et qu'elle se battait avec un Égyptien. Ce rêve était prémonitoire : il préfigurait sa lutte contre le diable et sa victoire sur lui (expliquera-t-elle une fois réveillée[33]). L'intérêt de ce rêve, aux yeux d'Augustin, est que la fausseté du corps dans lequel Perpétue s'apparaît à elle-même en rêve est rendue évidente par le changement de sexe : Perpétue est une femme, mais elle se voit en homme[34]. Il est donc évident que, dans nos rêves, nous avons un faux corps, qui accomplit de fausses actions et traverse de fausses péripéties dans un faux monde. C'est bien de fausseté qu'il s'agit, avec la tromperie qui va avec, dès lors que nous acquiesçons à ces apparences comme si elles étaient des réalités. Un passage du *Commentaire de la* Genèse *au sens littéral* dit clairement que nous sommes trompés par nos rêves : « Dans la vision spirituelle, c'est-à-dire dans les images des corps qui sont vues par l'esprit, l'âme se trompe (*anima fallitur*) lorsque, ces images qu'elle voit dans l'esprit, elle les prend pour des

31. *De nat. et orig. an.* IV 25.
32. *Passion de Perpétue et de Félicité*, intro., éd., trad. fr., comm. et index par J. Amat, Paris, Le Cerf, 1996. Les récits de rêves de martyres n'étaient pas rares à l'époque.
33. Cf. *Passio* X 14-15.
34. *De nat. et orig. an.* IV 26.

corps réels »[35], ce qui précisément arrive dans le cas du rêve. Cette tromperie ne peut être déjouée : le rêveur « est nécessairement trompé »[36].

Cela conduit-il à conclure que tout est faux dans le rêve? Nullement. Augustin distingue soigneusement ce qu'il en est des actions, des situations, des acteurs, des objets du rêve; et ce qu'il en est des pensées et des affections suscitées en rêve par ces actions, situations ou objets irréels. Tout n'est pas faux dans le rêve, parce que, toutes fausses et trompeuses que soient les péripéties que nous y traversons, les émotions que nous procurent nos aventures oniriques, elles, sont de vraies émotions, et elles sont réellement éprouvées par nous. C'est ce que l'analyse du combat en rêve de Sainte Perpétue précise :

> Mais si ce n'était pas un corps [qu'avait Perpétue en rêve], et que cependant c'était quelque chose de semblable à un corps, en lui, à coup sûr, c'était une vraie peine ou une vraie joie qu'elle ressentait. [...] Lorsque, en effet, il nous arrive des choses affligeantes, quoique ce soit en rêve, et bien qu'il s'agisse d'une semblance (*similitudo*) de membres corporels et non de vrais membres corporels, ce n'est pourtant pas une semblance de souffrance, mais une souffrance; de même aussi dans le cas où ce sont des émotions joyeuses qui sont ressenties[37].

La thèse de la réalité des émotions éprouvées en rêve est affirmée à plusieurs reprises par Augustin, et elle va de pair avec l'affirmation que c'est bien nous, et non un avatar, qui les éprouvons, même si elles disparaissent au réveil :

> Car dans nos rêves aussi, quand nous éprouvons des impressions dures et désagréables, quoi qu'il en soit, c'est bien nous (*nos utique sumus*); et, à moins que, du fait de notre réveil, elles ne passent, elles nous exposent à de très pénibles souffrances[38].

Ailleurs, Augustin trouve une attestation de la réalité des émotions éprouvées en rêve dans d'autres émotions qui animent le dormeur une fois réveillé, par lesquelles il réagit à ce qu'il a ressenti en rêve – tels ceux qui redoutent de se rendormir de peur de revivre les épouvantes du cauchemar fait la nuit précédente[39]. Mais que le réveil dissipe immédiatement les sentiments éprouvés en rêve ou pas, qu'il s'accompagne ou non d'émotions venant répondre, par le regret ou la peur, à celles du rêve, dans tous les cas Augustin nous invite à admettre que ce que notre âme ressent en rêve, loin d'être un semblant de plaisir ou une fausse peur, est bel et bien réel, alors même que les actes ou les objets qui occasionnent ces sentiments, eux, n'existent pas.

Les émotions ne sont pas les seuls phénomènes psychiques qu'Augustin distingue des apparences oniriques pour en affirmer la réalité. Il en va de même des connaissances. Par exemple, Augustin imagine quelqu'un qui rêve qu'il se livre à une *disputatio* avec une autre personne, et qui, au fil d'une

35. *De Gen. ad litt.* XII 52.
36. *Sermo* 280, 5, *Patrologie latine*, vol. 38, col. 1283 : « necesse fit falli ».
37. *De nat. et orig. an.* IV 26-27.
38. *Ibid.*, IV 25. *Cf.* aussi *ibid.*, IV 25 et 29; *De Gen. ad litt.* XII 61; *De civitate Dei*, désormais cité « *De civ. Dei* », XXII 22.
39. *De Gen. ad litt.* XII 61.

argumentation correcte, « a appris quelque chose ». Il commente ainsi ce qu'il en restera au réveil :

> Même une fois réveillé, ces mêmes vérités demeurent immuables, quoique le reste se retrouve faux, comme le lieu où se passait la discussion, la personne avec laquelle on se voyait discuter, les mots eux-mêmes – pour ce qui concerne leur sonorité – par lesquels on paraissait discuter, et les autres choses de cette sorte[40].

Autrement dit, la compréhension d'une vérité, comme les émotions, est un acte de l'âme qui est indifférent à la distinction entre l'apparence du rêve et la réalité de la veille : « Si l'âme comprend quelque chose, c'est également vrai qu'elle dorme ou qu'elle veille »[41].

Comme le note Mary Sirridge[42], la thèse de la réalité du soi, de ses pensées et de ses sentiments, dans un rêve où par ailleurs tout relève de l'apparence pure, consonne avec les textes proto-cartésiens d'Augustin où il est affirmé, en somme, que la distinction entre apparence et réalité ne vaut pas dans l'ordre des réalités intentionnelles. Mais c'est une thèse difficile à concilier avec la doctrine de la neutralité éthique des rêves[43]. Lorsque je rêve que je prends plaisir à un acte illicite, si ce plaisir est un vrai plaisir et que c'est bien moi qui le ressens, comment affirmer qu'il n'y a aucun mal à cela? Car la thèse de la réalité des affections éprouvées en rêve signifie que ni la raison 1 de la neutralité éthique des rêves (en rêve, je ne suis pas vraiment moi) ni la raison 2 (en rêve, je ne fais pas vraiment ce que je fais) ne sont partagées par Augustin.

Qu'en est-il alors de la raison 3? Même si ce que j'éprouve en rêve est réel et que c'est bien moi qui l'éprouve, je ne pourrai en être ni louée ni blâmée si je n'ai aucun moyen de m'empêcher de faire ce rêve ni d'éprouver les émotions qu'il suscite en moi. Il faut donc examiner de plus près la façon dont Augustin traite la question de l'irresponsabilité du rêve.

Le « consentement des rêveurs »

L'épistémologie d'Augustin est largement influencée par celle des stoïciens, et, à leur suite, il fait de la croyance et de la connaissance le produit d'un assentiment à une représentation. Acte de l'esprit par lequel j'adhère à une représentation, l'assentiment est aussi ce qui fonde l'imputabilité non seulement de mes croyances, mais des actions que j'accomplis sur leur fondement. Toute action enveloppe ainsi une composante cognitive et une composante volitive. On peut donc envisager deux explications possibles de l'éventuelle irresponsabilité du rêveur, et par suite de la neutralité éthique du rêve. L'une touche au consentement, socle classique depuis les stoïciens de l'imputation : le rêveur qui a du plaisir en rêve consent-il à ce à quoi il prend plaisir? La

40. *De immortalitate animae* 14, 23.

41. *Ibid.* C'est pourquoi Augustin ne craint pas d'affronter les Académiciens sur le terrain du rêve, cf. *Contra Academicos*, désormais cité « *C. Acad.* », III 23-25. Il en va de même pour les affects et les perceptions sensibles, par ex., que ceci me paraît sucré, *ibid.*, 26.

42. M. Sirridge, « Dream Bodies and Dream Pains... », art. cit., p. 231-233; ou encore p. 246 (à propos de *C. Acad.* III 50).

43. *Ibid.*, p. 238.

seconde concerne les effets induits par la fausseté, déjà notée, qu'Augustin reconnaît aux images oniriques : à supposer même que dans nos rêves nous consentions à la séduction de ces images, dans la mesure où le rêve nous trompe ce consentement ne produit rien de volontaire, car il s'apparente à une action commise par ignorance, traditionnellement exclue de l'imputation.

Je commencerai par le problème du consentement des rêveurs, dont Augustin mentionne le caractère débattu : « Parfois on s'interroge sur le consentement de ceux qui rêvent »[44]. Le livre X des *Confessions* analyse le rêve érotique et la pollution nocturne à partir de l'acte intérieur qu'est l'assentiment (*consensio*) :

> Encore maintenant, vivent dans ma mémoire – dont j'ai beaucoup parlé – des images des choses de ce genre [sexuelles], que mon habitude a fixées là, et elles se présentent à moi quand je suis éveillé, mais privées de force ; tandis qu'en rêve, elles vont non seulement jusqu'à la délectation, mais même jusqu'au consentement et à quelque chose de très semblable à un acte[45].

Non seulement le rêveur se délecte de ce que l'individu à l'état vigile perçoit plutôt comme un contenu de conscience neutre et sans effet sur lui, mais il consent à ses représentations oniriques, lequel consentement est attesté, le cas échéant, par un analogue de l'action qui suit normalement un consentement vigile.

Dans cette analyse, les images sexuelles dans l'esprit de l'homme chaste à l'état de veille ne sont pas traitées comme des représentations attractives auxquelles l'individu, par une lutte et une résistance intérieures, refuserait victorieusement son consentement[46]. Elles « vivent » dans son âme, comme des traces d'un état moral antérieur, déposées là par « l'habitude ». Cette présentation est expliquée ailleurs, dans le cadre d'une interrogation sur le consentement donné en rêve par ceux qui

> [...] se voient même en train d'avoir une relation sexuelle ou contre leur souhait, ou encore contre les bonnes mœurs. Cela n'arrive que parce que ces choses, auxquelles nous pensons aussi lorsque nous sommes éveillés – sans la complaisance du consentement, mais comme nous parlons aussi de ce genre de choses pour quelque raison –, se trouvent, dans les songes, remémorées et représentées avec un relief tel que, par elles, la chair est naturellement émue, et expulse par les voies génitales ce qui s'est naturellement accumulé[47].

Augustin donne un exemple que lui fournit la situation en cours : traitant de problèmes éthiques posés par les rêves, il doit, pour formuler son discours, penser aux choses dont il parle, donc en former des images. Ces images, à l'état de veille, le laissent froid ; mais dans le sommeil, en raison de la perturbation

44. *Conf.* X 41.
45. *Ibid.*
46. Contrairement à ce que suggère la traduction d'Eugène Tréhorel et Guilhem Bouissou dans la Bibliothèque Augustinienne, où *occursantur* est rendu par un terme aux connotations agressives (« elles m'assaillent », BA 14, p. 213).
47. *De Gen. ad litt.* XII 31. Les deux types de rêves envisagés (« relation sexuelle ou contre leur souhait, ou encore contre les bonnes mœurs ») suggèrent que l'analyse s'applique au cas d'individus qui, à l'état de veille, s'efforcent d'avoir un rapport réglé à leur sexualité (chasteté ou mariage).

du discernement entre réalité et image et du relief particulier que prennent les apparences rêvées dans ce contexte d'indiscernabilité,

> [...] si elles se présentent en rêve avec un relief aussi marqué que celui avec lequel les corps se présentent à ceux qui sont éveillés, il peut alors se produire ce qui, chez un homme éveillé, ne pourrait se produire sans péché. [...] En cela il n'y a pas plus de péché qu'il n'y en a, pour l'homme éveillé, à parler de ces choses, que l'on se représente en vue d'en parler[48].

Le rêve sexuel, loin d'être considéré comme un symptôme moral, est ici renvoyé à l'explication du rêve que j'ai exposée plus haut, dans ce qu'elle a de plus mécanique, de plus « naturel » : lorsque le cerveau endormi cesse d'acheminer l'attention psychique vers l'extériorité, cette attention (*intentio*), qui ne se relâche jamais, se reporte sur les images spontanément produites par notre âme dans nos diverses activités – par exemple discourir – puis conservées dans la mémoire. Si c'est une image sexuelle qui se présente, le rêve sera sexuel, par un processus physiologique où tout se passe *naturaliter*, de façon naturelle, et il n'y a aucun péché à cela[49].

Pourtant, Augustin ne semble pas considérer que la simple présence d'une image érotique dans la mémoire du rêveur suffise toujours à entraîner des rêves sexuels. C'est en tout cas ce qu'on est en droit de déduire de passages où il mentionne la capacité qu'ont certains rêveurs de résister aux images attirantes qui s'offrent à eux en rêve. Car les rêves montrent que, nuit après nuit, tantôt nous cédons à la suggestion onirique, tantôt nous lui résistons. Ce constat instaure au cœur du rêve lui-même une expérience qui est typiquement morale, puisque c'est une expérience de résistance à la tentation, et souvent de résistance victorieuse :

> Et d'où vient que, souvent, même en rêve, nous résistons, et, nous souvenant de notre dessein et persévérant en lui de la façon la plus chaste, nous n'accordons pas notre consentement à de telles séductions ?[50]

Celui qui voit en rêve des formes imaginaires de (faux) corps attirants, qui se présentent à ses (faux) yeux, parfois y consent, mais parfois aussi se rêve en train de se souvenir de son vœu de chasteté, et s'apparaît à lui-même en train de résister à leur attrait. On peut défendre l'hypothèse que, se voyant en train de résister victorieusement à la tentation, c'est de façon réelle qu'il refuse son consentement aux visions oniriques : le consentement, en effet, est la composante intentionnelle du songe que fait celui qui se rêve repoussant les avances de quelque personne attirante ; et nous avons vu que cette composante intentionnelle est ce qui, dans le rêve, est réalité et non simple apparence. Ailleurs, Augustin suggère qu'il y a une hiérarchie éthique entre les rêveurs : « Même en son sommeil, Salomon a préféré la sagesse à toutes choses, et il a demandé à Dieu de la lui accorder au mépris de tout le reste »[51].

48. *Ibid.*
49. *Cf.* G. O'Daly, *Augustine's Philosophy of Mind*, Berkeley-Los Angeles, University of California Press, 1987, p. 117 : « Augustine is guided by his explanation of the mechanism of imagination in dreams ».
50. *Conf.* X 41.
51. *De Gen. ad litt.* XII 31. La référence est au premier *Livre des Rois* (1 *Reg.* 3, 3-15).

Il semble donc que, au-delà d'une explication purement naturaliste des rêves sexuels et de façon générale des rêves où l'on prend plaisir à des actions illicites, Augustin reconnaisse une dimension morale du rêve. Les individus ont des rêves dans lesquels ils adoptent des attitudes ou font des choix qui ne se valent pas moralement, et dont certains apparaissent comme louables. Pour autant, force est de constater que la hiérarchie éthique des rêveurs et la capacité de résister moralement en rêve ne constituent pas en faute le rêve où les images désirables obtiennent le consentement du rêveur et lui procurent un plaisir bien réel. Car, même si les choses tournent ainsi, « nous retrouvons au réveil le repos de la conscience »[52]. Encore une fois, pécher en rêve, ce n'est pas pécher, même si certains dormeurs ont des rêves moralement plus élevés que d'autres.

La *falsitas visorum*

Si le rôle reconnu au consentement dans le rêve ne remet pas en cause la neutralité éthique de l'expérience onirique, il semble alors que la seule explication possible de cette neutralité soit à chercher du côté du « mensonge des visions » (*falsitas visorum*), illusion et tromperie étant régulièrement attribuées par Augustin aux images qui « vivent » dans l'âme endormie. L'action rêvée ainsi que les sentiments ou sensations qui l'accompagnent sont involontaires, même s'ils enveloppent un consentement, puisqu'ils sont dus à l'assujettissement du dormeur à l'illusion :

> Et l'illusion de l'image (*imaginis inlusio*) a tant de force dans mon âme sur ma chair que ces visions fausses me déterminent, moi qui dors, à faire ce que les choses véritables ne peuvent me pousser à faire lorsque je suis éveillé[53].

Le contraste, face à un spectacle tentateur, entre la réponse vigile et la réponse onirique est ici convoqué pour établir que le régime d'illusion propre au rêve est ce qui explique la faiblesse du rêveur face aux « visions mensongères » (*falsa visa*). C'est pourquoi il serait absurde de reprocher ses rêves à celui qui, se réveillant, confesserait s'être livré pendant son sommeil à des actions dont il rougirait dans la vraie vie : il n'a pas péché, il a été victime d'une illusion soustraite à tout pouvoir critique.

Il en va de même si l'on examine le problème de l'erreur, et non plus du vice ou de l'affect, en rêve. Devons-nous redouter les erreurs doctrinales que nous pourrions être amenés à faire dans nos songes ? Si tel était le cas, l'homme sage pourrait craindre de s'endormir, exposé à commettre en rêve une erreur sur un point théorique fondamental, par exemple la détermination du souverain bien, qui s'opère scolairement comme un choix entre quatre possibilités[54] :

52. *Conf.* X 41.

53. *Conf.* X 41. Le caractère trompeur des images oniriques est également convoqué pour expliquer les affects pénibles produits par les cauchemars, par ex. *De civ. Dei* XXII 22.

54. *C. Acad.* III 27 : « Le degré suprême du bien, en quoi consiste le bonheur, ou n'existe pas, ou existe, soit dans l'âme, soit dans le corps, soit dans les deux », trad. fr. J.-L. Dumas, Bibliothèque de la Pléiade, *Œuvres*, I, Paris, Gallimard, 1998, p. 69.

> Mais peut-être [le sage] craint-il de choisir le souverain bien en dormant ? Rien de dangereux à cela : lorsqu'il se réveillera, il le rejettera s'il lui déplaît, et le gardera, s'il lui plaît. Car qui serait fondé à le blâmer d'avoir vu en rêve quelque chose de faux ?[55]

L'erreur en songe a la même structure que l'erreur à l'état vigile : elle consiste à approuver une représentation fausse. Mais elle n'appelle nullement la même appréciation que cette dernière, ni de la part de celui qui la commet, ni de la part de celui qui la constate. Le sage ne risque rien à s'abandonner au sommeil : quand bien même il assentirait en rêve à une détermination fausse du souverain bien, cette erreur ne serait d'aucune conséquence, et il n'aura qu'à rejeter cette détermination au réveil s'il ne la trouve pas conforme à ses principes.

Le traitement de l'erreur faite en rêve (sans conséquence et ne méritant aucun blâme) et l'assimilation des représentations oniriques à des images trompeuses permettent dès lors de justifier que les rêves à contenu illicite demeurent soustraits à toute évaluation morale. Car le rêveur consent au plaisir illicite par erreur, non par vice, et l'absence de jugement correct exclut aussi bien la culpabilité que le mérite[56]. Néanmoins, de même que, sur la question du consentement, la neutralité éthique des rêves se conjugue, de façon inattendue, avec la reconnaissance d'une hiérarchie éthique parmi les rêveurs, la question de l'erreur se prête à la même pluralisation des cas. Cette pluralisation est produite par une phénoménologie de l'expérience, aussi paradoxale que commune, du rêve dans lequel nous nous rendons compte que nous rêvons, sans pour autant nous réveiller et tout en continuant de rêver. De quel type est cette étrange perception qu'a parfois le rêveur de son propre état, lorsque, rêvant, il se voit en train de rêver et d'assentir à des choses fausses ou immorales ? Augustin considère que ce phénomène réflexif peut se décrire de deux manières. La première fait état d'un savoir, intérieur au rêve lui-même, de l'irréalité des images oniriques : il arrive que l'âme endormie, tout en rêvant, sache avec certitude qu'elle contemple des images de corps, et non de vrais corps. L'autre description part non de l'accès que nous pouvons avoir au statut ontologique des images que nous voyons en songe, mais du mode de leur perception : parfois l'âme endormie, tout en croyant voir de vrais corps, perçoit cependant dans son rêve qu'elle ne les appréhende pas normalement (c'est-à-dire comme elle le ferait éveillée : par ses organes sensoriels), mais qu'elle les voit par son esprit, *per spiritum*[57].

Cette lucidité réflexive, intérieure au rêve, reste toutefois incapable de se déprendre de l'illusion onirique. Augustin en livre une description en première personne, qui dégage des intermédiaires entre les deux positions claires que sont l'apparence onirique enclose sur elle-même et la saisie rétrospective de son caractère illusoire, spontanément opérée au réveil[58]. Ces deux postures n'épuisent pas la question du rapport entre rêve et réalité, parce qu'il peut

55. *Ibid.* 28.
56. *Cf.* G. O'Daly, *Augustine's Philosophy of Mind*, *op. cit.*, p. 117.
57. *De Gen. ad litt.* XII 43.
58. *Ibid.*, XII 3.

aussi arriver que la seconde se décline à l'intérieur même du rêve, mais selon une modalité étrange et presque contradictoire :

> Je sais qu'il m'est arrivé – et cela a pu ou peut arriver à d'autres aussi, je n'en doute pas – de voir quelque chose en rêve et de me rendre compte que c'était en rêve que je le voyais (*in somnis uidens in somnis me uidere sentirem*) ; et ces images, qui d'habitude se jouent de notre consentement lui-même, je saisissais et je me rendais compte de façon très ferme, même en dormant, qu'elles n'étaient pas de véritables corps, mais qu'elles m'apparaissaient en songe[59].

L'attention d'Augustin à l'auto-perception du rêve suggère donc que, de même que la thèse de la neutralité éthique du rêve va de pair avec une phénoménologie des expériences morales rêvées qui ne révèle rien d'uniforme sur ce point, de même la thèse de la tromperie propre au rêve n'exclut nullement la reconnaissance d'un savoir qui déjoue cette tromperie : parfois, je sais très bien, dans mon rêve, que les choses qui m'apparaissent comme réelles ne le sont pas, sans avoir besoin d'attendre le réveil. Mais, tout comme la victoire morale de certains rêveurs sur la tentation onirique ne fait pas du rêve un objet de louange ou de blâme, le savoir de l'irréalité des apparences n'émancipe pas le rêveur réflexif de l'illusion :

> Néanmoins j'étais parfois abusé : par exemple, j'essayais de persuader mon ami, que je voyais de la même manière en songe, que ce n'était pas des corps que nous voyions, mais des images que voient les gens qui rêvent, alors que lui aussi, de quelque manière que ce soit, m'apparaissait au milieu de ces choses sur le même mode qu'elles : cependant, je lui disais même que ce n'était pas vrai non plus que nous parlions ensemble, mais que c'était en dormant lui aussi qu'il voyait alors quelque chose d'autre, et qu'il ignorait complètement si moi, je voyais ces choses-là. Mais en vérité, alors que je travaillais à le persuader, lui en personne, que ce n'était pas lui-même, j'étais en partie amené à penser aussi que c'était lui, lui à qui, assurément, je n'aurais pas parlé si j'avais eu de toute façon cette impression que ce n'était pas lui. Ainsi mon âme, bien que tout éveillée d'étrange manière tandis que je dormais, ne pouvait rien, sinon être entraînée par les images des corps comme s'ils étaient corps véritables[60].

Pourquoi le rêve n'est ni louable ni blâmable

Le bilan qui peut être tiré des textes parcourus me paraît infirmer l'assertion de Gareth Matthews qui m'a servi de point de départ. Selon lui, aucune des trois raisons qui pourraient justifier la neutralité éthique des rêves n'est défendue par Augustin, car pour chacune, on peut trouver au moins un texte qui la dément. Il me semble qu'au contraire Augustin a une bonne raison de considérer que nous ne sommes pas responsables de nos rêves, qui dès lors sont moralement neutres. Cette raison est que, même si les affects et

59. *De Gen. ad litt.* XII 3.
60. *Ibid.*

les connaissances que nous avons en rêve impliquent notre assentiment – en tant qu'ils sont véritables et non illusoires –, et même si c'est bien nous qui le donnons, et non quelque avatar onirique, cet acte d'assentiment s'opère en régime d'illusion. Que le rêveur, parfois, sache qu'il rêve ne change rien à cela : la phénoménologie très fine du rêve que propose Augustin signale que l'illusion se reporte alors à un méta-niveau, en un mouvement qui d'une certaine manière pourrait être encore doublé et redoublé sans jamais produire une sortie de la tromperie.

Ce régime clos d'illusion invite par ailleurs à questionner le sens de la réalité du soi en rêve. Que je sois moi-même en rêve, et non une semblance de moi, est affirmé de façon tout à fait claire et répétée par Augustin. Cette affirmation cependant va de pair avec une autre affirmation : au réveil, personne ne s'identifie à celui qu'il était en rêve, que rétrospectivement il perçoit plutôt comme un autre. Mon moi en rêve est bien moi, mais je ne me reconnais pas en lui une fois revenue à la veille. Le livre X des *Confessions* développe une formulation dramatisée de cette expérience d'étrangeté à soi, au début du long bilan introspectif qu'Augustin y fait de son rapport aux trois concupiscences. Concernant le désir sexuel, il interroge une fois de plus l'expérience de la pollution nocturne, depuis la situation du réveil :

> Est-ce qu'alors je ne suis pas moi-même, Seigneur mon Dieu ? Et pourtant il y a une telle distance entre moi-même et moi-même (*tantum interest inter me ipsum et me ipsum*), à l'intérieur de ces moments où, à partir d'ici, je passe au sommeil, ou bien, de là-bas, je repasse ici ! Où est alors la raison qui, à l'état de veille, résiste à de telles suggestions, et, qui, si les réalités elles-mêmes se jettent sur nous, reste inébranlable ? Est-ce qu'elle se ferme avec les yeux ? Est-ce qu'elle s'endort avec les sens du corps ? Et d'où vient que, souvent, même en rêve, nous résistons, et, nous souvenant de notre dessein et persévérant en lui de la façon la plus chaste, nous n'accordons pas notre consentement à de telles séductions ? Et pourtant la distance est si grande que, si cela se passe autrement, nous retrouvons au réveil le repos de la conscience, et, du fait même de cette distance, nous découvrons que ce n'est pas nous qui avons fait ce que nous déplorons s'être fait en nous de quelque manière que ce soit (*in nobis quoquo modo factum esse*)[61].

Augustin suggère que cette différence de soi à soi peut être expliquée par le fait que le rêveur est un sujet tronqué, dans lequel la raison est absente, ou tout au moins inactive. En rêve, c'est bien moi, mais ce n'est pas complètement moi, puisque le sommeil me prive de la partie la plus éminente de mon âme, celle par laquelle je suis – selon l'anthropologie augustinienne – un humain, et celle par laquelle je suis moi-même. Mais cette piste n'est pas explorée plus avant, ni ici ni dans les autres textes qui traitent du rêve. Augustin s'en tient plutôt, à nouveau, à une approche phénoménologique, qui décrit le sentiment d'étrangeté à soi et lui donne valeur décisive. Dans ce contexte, les affirmations de la réalité du soi en rêve, les *ego sum* (« c'est moi ») et *nos*

61. *Conf.* X 41.

utique sumus (« c'est bien nous »), ne disent peut-être rien de plus que le sentiment de vécu en première personne qui est propre au rêve, et non une identité à soi susceptible de fonder une imputation.

Isabelle Koch
Aix Marseille Université, Centre Gilles Gaston Granger UMR 7304

Rêve et imagination : approches antiques

LES RÊVES CHEZ LES ÉPICURIENS

Voula Tsouna

La plupart des philosophes de l'Antiquité pensent que les rêves ont des capacités prophétiques. Les seuls philosophes à s'écarter de cette tradition sont les épicuriens. Ils démystifient le phénomène du rêve en l'expliquant dans les termes de leur théorie physique matérialiste. Ils soulignent le lien entre le contenu du rêve et les activités diurnes, entre ce même contenu et la qualité d'âme du rêveur. Parce que l'identité de chacun persiste lorsqu'il rêve, les épicuriens attribuent à l'activité onirique une signification psychologique et morale considérable : quoique non véridique, le rêve n'en reste pas moins révélateur. Il est l'expression des recoins intimes de la personnalité du dormeur.

Rêver constitue une expérience curieuse voire dérangeante. Nous y sommes habituellement exposés lorsque nous sommes endormis et, par conséquent, vulnérables : à peine conscients de notre environnement physique, inaptes à contrôler notre corps et ses mouvements, incapables de régir nos pensées et de vouloir nos actes. Tant que nous nous trouvons dans cet état, nous sommes envahis d'images de toutes sortes. Nous ne pouvons ni convoquer ni empêcher ces images, mais il nous faut les contempler comme elles viennent.

Parfois tissées ensemble en une sorte de narration, parfois fragmentaires et incohérentes, ces images représentent des gens, des choses et des événements, transcendent les limites physiques et temporelles et leur confèrent une atmosphère étrange, quasi réelle. Selon leur vivacité et leurs contenus, elles peuvent être plaisantes ou effrayantes. Particulièrement terrifiants sont les rêves censés prophétiser quelque chose de néfaste ou nous mettre en contact avec les morts. Que nous soyons endormis ou éveillés, nous nous sentons tous plus à l'aise dans la zone de l'expérience humaine. À coup sûr, cette zone n'inclut pas les visions fugitives dans les dédales du futur ni les excursions nocturnes dans le monde des enfers. Toutefois, l'introspection fait partie de notre expérience ordinaire et les rêves ont longtemps été utilisés à cette fin. *L'interprétation des rêves* de Sigmund Freud ne fait que des références elliptiques à la théorie des rêves de l'antiquité classique. Malgré tout, elle atteste de la continuité d'intérêt manifestée, des anciens aux modernes, pour ce que le rêve peut révéler de nous-mêmes.

En réalité, l'intérêt des auteurs anciens pour les rêves est plus étendu et plus varié que le nôtre. Le poème épique et la tragédie se focalisent tous deux sur les fonctions révélatrices et prémonitoires des rêves. La même chose vaut tout aussi bien pour l'histoire. Les médecins esculapiens et hippocratiques s'appuient régulièrement sur les rêves dans l'optique du diagnostic et de l'incubation cependant que le physicien et devin romain Artémidore se lance dans l'interprétation symbolique des rêves et pose les fondations des manuels de rêves populaires pour les siècles à venir[1]. Sur le front philosophique, Platon et Aristote donnent différentes explications psycho-physiques du rêve et des images des rêves mais bien que, occasionnellement, ils soient près de contester l'idée d'un élément divin dans le rêve prophétique, ils n'y renoncent jamais entièrement[2]. Et alors que Démocrite offre une interprétation matérialiste des rêves en fonction de la théorie de l'atome, il semble néanmoins accepter les rêves prophétiques (Plutarque, *Quaestiones convivales* V. 7 ; VIII. 10). Les stoïciens reconnaissent le pouvoir prophétique de certains rêves envoyés par les dieux, bien qu'ils considèrent en général les rêves comme une pure fabrication de l'esprit. C'est pourquoi eux aussi appartiennent, à leur propre façon, à la tradition dominante selon laquelle les humains peuvent communiquer d'une manière ou d'une autre avec un monde au-delà du leur.

Les seuls philosophes à marquer une coupure nette et explicite avec cette tradition sont les Épicuriens[3], à commencer par Épicure lui-même et jusqu'à son dernier éminent successeur, Diogène d'Œnoanda. Ils rejettent ouvertement l'idée que les rêves soient médiateurs entre les sphères divine et humaine ou entre le monde des vivants et le monde des morts. Ils démystifient complètement le phénomène du rêve en expliquant le sommeil et le rêve en termes de théorie physique matérialiste. Essentiellement, ils examinent les rêves et leur contenu à partir de différentes perspectives et explorent leur pertinence quant à nos vies.

La première partie de cet article se concentre sur les aspects physiologiques et psychologiques du sommeil et du rêve. La seconde partie aborde les questions épistémologiques : la thèse épicurienne selon laquelle les rêves sont réels et la suggestion que les rêves humains sont, en un certain sens, rationnels ; le caractère mensonger des représentations oniriques et l'erreur commune qui consiste à prendre pour réelles personnes et choses rêvées. La troisième partie se concentre sur le contenu des rêves, le rôle des activités diurnes et du caractère de chaque individu dans la formation du contenu même du rêve, l'impact émotionnel et éthique des expériences de rêve. L'étude s'achève sur

1. L'œuvre d'Artémidore, *Oneirocritica* a été éditée au XVIe siècle et considérablement influente dans les deux siècles suivants : voir H. G. McCurdy, « The History of Dream Theory », *Psychological Review* 53, 1947, p. 225-233, p. 227 n. 4 et p. 227 n. 9.

2. Voir M. A. Holowchak, « Lucretius on the Gates of Horn and Ivory : A Psychophysical Challenge to Prophecy and Dreams », *Journal of the History of Philosophy* 42/4, 2004, p. 355-368 ; p. 255-2556.

3. M. A. Holowchak, « Lucretius on the Gates… », art. cit.

quelques remarques à propos du statut des rêves épicuriens : ils ont part à la sensation aussi bien qu'au jugement, mais sont distincts des deux.

La physiologie et la psychologie des rêves

L'explication la plus détaillée des événements physiques et psychologiques impliqués dans le sommeil et le rêve se trouve dans le poème de Lucrèce *De rerum Natura*. Au début du livre III, Lucrèce rappelle la devise épicurienne : seule la connaissance de la philosophie de la nature peut disperser les ténèbres de l'esprit causées par une peur superstitieuse (III, 31-93). Par la suite, il s'appuie sur les principes de la théorie de l'atome pour défendre la doctrine canonique selon laquelle la nature de l'âme est matérielle, l'âme et le corps de chacun sont unifiés et interdépendants. Lucrèce distingue par ailleurs dans l'âme ce qu'il appelle *anima* et *animus*, l'âme et l'esprit. L'âme consiste en atomes dispersés à l'intérieur de chaque organisme et elle est responsable de la sensation. L'esprit, composé de particules extrêmement petites et agiles (III, 187-190), est localisé au milieu de la poitrine (III, 140), interagit avec l'âme comme avec le corps, mais est également capable de fonctionner indépendamment d'eux. En fait, le principe psychique est l'élément prééminent en chaque personne vivante (III, 138-140) et « l'esprit (*animus*) surtout, tient closes les barrières de la vie : le maître de la vie, plus que l'âme (*anima*), c'est lui »[4]. Aussi longtemps que les gens conservent leur faculté noétique, ils restent en vie, même si une grande partie de leur âme les a quittés (III, 402-416). La préface de Lucrèce à l'analyse du sommeil nous met en garde.

> Quant à toi, tends l'oreille, aiguise ton esprit (*animus*) pour ne point refuser ce que je déclare possible et ne point t'éloigner, le cœur répugnant à la vérité ; tu serais seul coupable et ne pourrais le voir (IV, 912-915).

Pourquoi Lucrèce demande-t-il à Memmius de porter une attention spéciale à ce qu'il a à dire ? Pourquoi choisit-il de parler du sommeil en doux vers (IV, 909) ? Pourquoi craint-il qu'autrement Memmius puisse vouloir fuir la vérité en courant ? La raison est, je le suggère, que les auditeurs de Lucrèce seront bientôt conduits à se rendre compte que le sommeil est semblable à la mort. Et les facteurs qui causent le sommeil et contribuent ainsi à la restauration et au maintien de nos pouvoirs sont exactement les mêmes que ceux qui, en fin de compte, sont responsables de notre complète extinction.

Selon Lucrèce, le sommeil est une sorte de perte de connaissance résultant du désaccord entre les particules dont sont composés le corps et l'âme. Ce désaccord est le résultat nécessaire du constant bombardement d'atomes auquel nous sommes sujets de l'extérieur aussi bien que de l'intérieur[5]. De l'extérieur, parce que l'air environnant souffle à la surface du corps de chacun. De l'intérieur, parce que ce même air frappe les parties internes du corps. Quand on inhale ou qu'on exhale, il pénètre à travers les pores jusqu'aux

4. Lucrèce, *De rerum natura*, désormais cité « *DRN* », III, 396-397 (la traduction citée *passim* est celle de J. Kany Turpin, Paris, GF-Flammarion, 1997).
5. Ainsi « le corps est-il frappé des deux côtés » (IV, 4.939).

particules primaires, les frappe, désorganise leur arrangement et affaiblit la connexion entre les atomes de l'âme et ceux du corps (IV, 932-949). D'une part, l'*anima*, l'âme est délogée et partiellement décomposée. Quelques-uns des atomes de l'*anima* sont dispersés (*distracta* : IV, 916), d'autres sont expulsés du corps (*eiecta* : 917), d'autres sont refoulés dans les tréfonds les plus reculés du corps (*concessit* : 918). Ainsi le pouvoir de la sensation se retire de nos membres, ils faiblissent et nous nous endormons. Une partie de l'*anima* reste à sa place, néanmoins, de sorte que la vie est préservée et que les dormeurs sont capables de sentir et de remuer à nouveau quand ils se réveillent (*cf.* IV, 924-928).

Toutefois, la préservation de la vie et la capacité de recouvrer et de réarranger l'*anima* dans sa totalité est surtout assurée par l'autre partie de la *psuchê*, à savoir l'*animus*. Bien que les vestiges qui nous restent des textes d'Épicure n'établissent pas exactement comment les atomes de l'âme disloqués durant le sommeil sont rappelés et réorganisés pour exercer leurs fonctions éveillées, Lucrèce indique clairement que l'*animus* est la partie de l'âme responsable d'une manière ou d'une autre du fait que l'*anima* reste à l'intérieur du corps des gens endormis et les maintient en vie[6]. En fait, Lucrèce et d'autres auteurs épicuriens établissent un contraste multiple entre l'âme et l'esprit durant le sommeil. La première est fragmentée et dispersée tandis que l'autre reste entier. Les pouvoirs de l'âme sont suspendus, tandis que la *mens animi* demeure active. Plus précisément, la sensation cesse de fonctionner tandis que le jugement reste opérant.

Il est assurément difficile d'accepter que, à cause de la dispersion temporaire de l'*anima* et de la rupture de connexion entre l'âme et le corps, le sommeil soit une sorte de mort temporaire : nous ne sentons rien, n'avons envie de rien, ne redoutons rien. Il est encore plus difficile de s'habituer à la pensée suivante que, du moment qu'il est nécessaire pour nous de dormir, il est aussi probablement nécessaire pour nous de mourir. Car, étant donné que notre constitution est sujette à un inexorable bombardement d'atomes même quand nous dormons, il est naturel d'inférer que nous serons finalement détruits. Mais tandis que dans le sommeil la dispersion de l'âme est temporaire et jusqu'à un certain point remédiable, dans la mort la dispersion est permanente et irréversible. « Plus grands sont en effet la dispersion et le désordre de la matière après, et nul ne se relève une fois qu'est venue la froide pause de la vie » (III, 928-930). Rêver, donc, est un irréfutable signe de vie : l'âme de chacun demeure, fût-ce partiellement, dans le corps de chacun et sera reconstituée et réordonnée au réveil de chacun.

Suivant probablement en cela les écrits canoniques, Lucrèce entreprend d'expliquer en quoi consiste l'activité onirique et comment se forment les

6. La question de savoir comment exactement l'*animus* est responsable du rappel et du réordonnancement des atomes de l'*anima* qui ont été exclus ou disloqués durant le sommeil est sujette à controverse. Comparez, par exemple, les vues défendues par P.H. Schrijvers, « La pensée d'Épicure et de Lucrèce sur le sommeil (*DRN* IV, 907-961 et scholie *ad* Épicure, *Lettre à Hérodote* (dorénavant *Hrdt.*), 66) : un chapitre des *Parva Naturalia* épicuriens », dans J. Bollack et A. Laks (éd.), *Études sur l'épicurisme antique*, Lille, Publications de l'Université de Lille, 1976, p. 229-259; M. A. Holowchak, « Lucretius on the Gates… », art. cit.; A. Gigandet, « L'âme défaite : la théorie du sommeil dans l'Épicurisme », dans V. Leroux, N. Palmieri et C. Pigne (éd.), *Le sommeil. Approches philosophiques et médicales de l'Antiquité à la Renaissance*, Paris, Champion, 2015, p. 85-96.

rêves. Ce thème a retenu beaucoup d'attention dans la littérature secondaire[7]. Aussi serai-je brève. Le traitement du rêve par Lucrèce aussi bien que d'autres sources épicuriennes est très analogue à celui du sentir et du percevoir. Comme la sensation ou la perception (*aisthêsis*), le rêve dépend de la structure atomique des organismes vivants et de tout ce qui les entoure. Et, comme la sensation, il advient comme un résultat de l'interaction entre le rêveur et le monde extérieur. C'est-à-dire que la sensation et le rêve sont tous deux causés par des images (*eidôla, simulacra*) qui flottent constamment à la surface des choses et, dans des circonstances normales, préservent les traits morphologiques de leur source. Elles se forment très facilement et très rapidement, sont indescriptiblement ténues, voyagent avec une vélocité inimaginable à travers l'air et affectent respectivement et à travers les pores correspondants, les sens ou l'esprit. Étant donné que les sens ne peuvent opérer que lorsque nous sommes éveillés mais pas quand nous dormons, la sensation ou perception (*aisthêsis*) advient quand nous nous trouvons dans ce premier état mais pas dans ce dernier. D'autre part, comme l'esprit est vigilant et opérant dans le sommeil, il reçoit des *simulacra* à tous moments. Lucrèce insiste sur l'extrême finesse et mobilité des images dirigées vers l'esprit par comparaison avec celles qui pénètrent les yeux (IV, 728-731), et cela constitue les fondements de sa suggestion de distinguer deux sortes de *simulacra*, l'une inhérente à la sensation, l'autre inhérente à la pensée et au rêve[8]. De mon point de vue, pourtant, l'affirmation que les images mentales sont plus fines et plus agiles que les images sensorielles n'implique pas que ce soient des images de deux sortes différentes. La différence est quantitative plutôt que qualitative.

La sensation et le rêve sont tous deux causés par des images

Quoi qu'il en soit, ce qu'il faut retenir est que nous sentons, pensons et rêvons via un seul et même mécanisme. Néanmoins, à cause de leur extrême finesse et vélocité, les *simulacra* qui agitent l'esprit ont un comportement étrange à certains égards.

> C'est pourquoi nous voyons centaures et Scyllas, museaux de Cerbères ou bien fantômes d'hommes trépassés dont la terre étreint les ossements. Oui, toutes sortes d'images volent de-ci de-là : les unes se forment spontanément dans l'air, d'autres s'échappent des différents objets ou se créent à partir de leurs figures conjointes. Non, l'image d'un Centaure ne vient pas d'un vivant

7. Voir notamment, E. Asmis, « Lucretius' Explanation of Moving Dream Figures at 4.768-76 », *American Journal of Philology* 102, 138-145, 1981 ; D. Clay, « An Epicurean Interpretation of Dreams », *The American Journal of Philology* 101/3, 1980, p. 342-365 ; A. Corti, « Ὁμοιοσχήμων e ὁμοιόμορφος. Alcune riflessioni sulle proprietà degli εἴδωλα », *in* F. Masi and S. Maso (eds.), *Epicurus on Eidola, Peri Physeos Book II. Updates, Proposals and Discussions*, Amsterdam, Hakkert, 2015, p. 83-105 ; G. Leone, *Epicuro, Sulla Natura : libro II*, Napoli, Bibliopolis, 2012 ; A. A. Long et D. N. Sedley (désormais « LS »), *Les philosophes hellénistiques*, 2 vols., Paris, Flammarion, 2001 ; F. Masi, « Dagli occhi alla mente : il cammino tortuoso degli εἴδωλα », *in* F. Masi and S. Maso, *Epicurus on Eidola...*, *op. cit.*, p. 107-134.

8. Notamment, F. Masi, « Dagli occhi alla mente... », art. cit., rejette cette suggestion. Si je la comprends correctement, elle affirme que, en fait, tous les *simulacra* sont également fins, mais que quelques-uns d'entre eux, *i. e.* les images qui donnent lieu aux rêves, passent par un processus de raffinement en pénétrant le corps et voyageant à travers lui pour atteindre l'esprit (*mind*).

puisqu'un tel animal n'a jamais existé, mais dès que l'image d'un cheval et celle d'un homme par hasard se rencontrent, elles se soudent aisément car leur nature est subtile, fin tissu, je l'ai dit (IV, 732-743).

Ici Lucrèce offre une explication objectiviste de l'origine et de la formation des images mentales, incluant bien entendu les images du rêve. En raison de leur extrême ténuité et vélocité, elles surviennent de partout et par toutes sortes de voies. Elles sont détachées de la surface externe des objets ou bien formées, pour ainsi dire, automatiquement. En outre, elles préservent parfois les caractéristiques morphologiques des objets correspondants tandis que d'autres fois, elles se combinent dans l'air environnant en des formes nouvelles qui ne correspondent pas aux espèces naturelles[9].

Lucrèce fait également une autre remarque importante. La texture des images mentales est semblable à la texture de l'esprit car ce dernier aussi est extrêmement ténu et facile à mettre en mouvement (IV, 748). Par conséquent, alors que les sens ne peuvent percevoir un unique *simulacrum* mais perçoivent plutôt l'effet cumulatif d'un flot de *simulacra* issus de la même source, l'esprit peut aisément être mû par une unique image mentale (IV, 745-748). Et cela vaut à la fois pour la veille et le sommeil. Dans le premier cas, « voir » des images avec l'œil de l'esprit conduit sans doute à une pensée riche en images et peut-être aussi bien à des rêves « lucides »[10]. Dans le second cas, l'esprit « voit » des images en rêvant sans l'implication de la sensation ni de la mémoire (IV, 765). Par quel chemin ces images atteignent-elles l'esprit ? Tandis qu'il est clair que les images sensorielles parviennent aux sens de chacun et atteignent l'âme[11], savoir si les *simulacra* exclusivement dirigés vers l'esprit suivent le même chemin est moins clair. Selon Lucrèce, ils pénètrent à travers les interstices du corps et ébranlent l'esprit, mais il ne nous est pas dit si ces ouvertures sont localisées dans les organes des sens ou quelque part ailleurs. Dans sa *Lettre à ma mère*, Épicure dit que les visions des rêves ne sont pas perceptibles mais enregistrées par l'esprit seul[12]. Mais de nouveau, il n'est pas clairement indiqué comment exactement cela arrive. À mon avis, les vestiges restants des Épicuriens autorisent la possibilité que les images du rêve atteignent l'esprit par quelque voie directe, et non à travers les pores des organes des sens. S'il en est ainsi, alors les images du rêve constituent une catégorie particulière d'objet intelligible qui, je le suggérerai plus tard, est comparable d'une certaine manière aux dieux.

Étant donné que nous sommes constamment entourés d'une abondance d'images de toutes sortes, pourquoi l'esprit est-il réceptif à certaines mais pas à d'autres ? Une partie de l'explication est physiologique. Concernant la perception, la réception répétée du même type d'images sensorielles venues de l'extérieur détermine la forme des conduits pertinents afin de prédisposer les

9. Pour l'instant la question de savoir si la combinaison cheval / homme ne peut venir que de l'extérieur ou sinon, peut aussi advenir dans l'*animus* du rêveur, reste ouverte. Elle sera abordée plus tard.
10. Toujours est-il que les sources épicuriennes en disent fort peu sur le rêve « lucide » et le rêve diurne.
11. Diogène d'Œnoanda, fragment 9 II. 1-III. 6 (M. F. Smith, *Diogenes of Oinoanda. The Epicurean Inscription*, Napoli, Bibliopolis, 1993, *ad loc.*, dorénavant cité « Smith »).
12. Diogène d'Œnoanda, fr. 52 II. 3-4 Smith.

sens à sélectionner telles images parmi d'autres. Comme le suggère Diogène, les impacts des images que nous recevons quand nous sommes éveillés ouvrent les pores depuis les organes des sens jusqu'à l'esprit. Ainsi « l'esprit est-il capable de recevoir des images similaires à celles qu'il a d'abord contemplées, même quand les objets qu'il a contemplés d'abord ne sont plus présents »[13]. Il semble que quelque chose de similaire vaille pour les images mentales et, spécifiquement, pour les images du rêve. L'exposition répétée du rêveur à ses occupations et ses préoccupations diurnes façonne les pores à travers lesquels les *simulacra* correspondants atteignent son esprit et prédisposent ce dernier à attirer et recevoir ces *simulacra* à l'exclusion d'autres[14].

En somme, les Épicuriens présentent les rêves comme des événements physiologiques et psychologiques pourvus d'un contenu de représentation. Ils expliquent le rêve et les songes en termes atomiques et en étroite symétrie avec l'*aisthêsis*. C'est pourquoi ils montrent qu'il n'y a rien de merveilleux ou de métaphysique dans les rêves ou les songes. Ce sont des phénomènes naturels, comme n'importe quoi d'autre.

Questions épistémologiques

Même si sentir et rêver sont explicables par référence au même mécanisme physio-psychologique, il y a entre eux une différence épistémologique extrêmement importante : la sensation (*aisthêsis*) est toujours vraie tandis que le rêve renferme toujours erreur et tromperie.

La tension apparente entre la thèse que les rêves sont réels et le fait qu'ils sont invariablement fallacieux remonte à Épicure. Ce dernier maintient que « c'est parce que quelque chose provenant de l'extérieur pénètre en nous que nous voyons les formes et que nous pensons »[15]. En outre, il soutient que :

> Il ne saurait y avoir en effet de ressemblance entre, d'un côté, les représentations que nous recevons comme en reproduction, qu'elles naissent dans le sommeil ou selon d'autres types d'appréhensions – de la pensée ou des autres critères – et, de l'autre ce que nous qualifions d'existant et de véritable, s'il n'y avait pas en outre ce genre de choses, qui sont les objets que nous appréhendons (*Hrdt.*, 51).

Donc, les rêves sont réels à la manière dont les sensations sont réelles : ils proviennent du contact direct avec des éclats de réalité, *i. e.* des pellicules d'atomes projetés depuis des objets extérieurs à celui qui perçoit. De plus, les rêves présentent à l'esprit la forme et le dessin des *simulacra* correspondants à la manière dont la sensation reçoit et représente la forme et la figure des images affectant les organes des sens.

Comme le souligne Lucrèce, les rêves sont réels également en un autre sens : ils ont une efficience causale à la fois durant le moment où ils surviennent et après notre réveil. Les rêves nous font craindre et espérer, ressentir du

13. Diogène d'Œnoanda, Fr. 9. III. 6-14 Smith.

14. Comparer avec le point de vue d'Aristote selon lequel même après que les objets de perception ne sont plus présents, l'expérience persiste dans les sens aussi bien que dans l'esprit.

15. Épicure, *Hrdt.*, 49 (les traductions d'Épicure citées *passim* sont celles de P.-M. Morel, *Épicure. Lettres, Maximes et autres textes*, Paris, GF-Flammarion, 2011). Voir également *Hrdt.*, 46-51.

plaisir ou de la douleur, trembler et frissonner, pleurer, crier ou parler. Les rêves que nous prenons pour prophétiques peuvent influencer nos projets et nos actes. Inversement, comme nous le verrons, il est important de souligner que seules des choses réelles ou matérielles peuvent avoir une action ou en subir une. Puisque les rêves ont à la fois une puissance causale sur le rêveur et peuvent être influencés par lui, il s'ensuit qu'ils doivent être réels. Et bien sûr, dans le contexte du système épicurien, réel signifie matériel, et matériel doit être compris en termes de théorie des atomes.

Néanmoins, Épicure et ses successeurs soulignent également que les rêves sont illusoires et mensongers. Car ils indiquent que les rêveurs tiennent pour vivants des gens qui sont morts, croient que les monstres existent et que les dieux se révèlent d'une façon ou d'une autre, et ainsi de suite. La question est alors de savoir seulement comment les rêves peuvent être réels et pourtant non vrais.

Comment les rêves peuvent-être réels et pourtant non-vrais ?

Comme cela a été dit, lorsque nous sommes endormis, l'*anima* est inopérante. Les atomes du corps et de l'esprit à la fois sont désorganisés, l'*anima* se disperse en partie et se retire en partie en elle-même, les voies de communication entre le corps, l'âme (*anima*) et l'esprit (*animus*) sont coupées (IV, 948) et de ce fait, les sens sont obstrués et cessent de fonctionner. Rappelons toutefois que les Épicuriens défendent un type d'empirisme radical dont la thèse centrale est, précisément, que toutes les *aisthêseis* sont vraies : elles sont par conséquent le critère de base de la vérité sur lequel se fondent tous les autres critères de vérité et toutes les opérations de la raison. De toute évidence, les *aisthêseis* tirent leur pouvoir critériologique inconditionnel du fait qu'elles proviennent d'un contact non médiatisé avec la réalité. Quelque chose de similaire, fût-ce de manière dérivée, vaut pour les préconceptions (*prolêpseis*), à savoir une catégorie de concepts fondamentaux automatiquement formés à partir d'expériences répétées du même genre de chose et particulièrement importants pour la pensée scientifique et philosophique. D'un autre côté, bien que la croyance et le raisonnement ne puissent survenir indépendamment de la sensation, ils ne jouissent pas de l'infaillibilité de la sensation parce qu'ils ne sont pas directement et immédiatement exposés à la réalité à la façon dont l'est la sensation. Tant que l'opinion reste proche de l'*aisthêsis*, elle sera véridique. Autrement, elle est susceptible d'être fausse[16].

Lucrèce applique cette conception au cas des rêves. Il expose que, comme la sensation du rêveur est ralentie par son enveloppe corporelle, le dormeur est incapable de confronter la fausseté avec la vérité et de réfuter la première grâce à la seconde (IV, 771-764). La mémoire aurait pu avoir capacité d'aide puisqu'elle garde en réserve les expériences passées qui pourraient permettre au rêveur d'évaluer la vérité des images auxquelles il est soumis dans son sommeil. Mais comme la mémoire dépend de la sensation et que la sensation

16. Épicure, *Maximes capitales*, XXII-XXIV.

est paralysée, la mémoire est elle aussi paralysée (*cf.* IV, 765-766). Il ne peut y avoir ni confirmation ni infirmation des expériences imaginaires du rêveur par référence à la mémoire d'événements similaires survenus dans le passé.

Comme ces critères épistémologiques sont inopérants dans le sommeil, l'esprit est laissé à lui-même et, naturellement, devient la proie de la fausseté et de l'illusion. L'explication par Lucrèce des figures en mouvement constitue un exemple des erreurs inhérentes aux rêves. L'illusion des figures de rêve en mouvement est due au fait que l'esprit s'est préparé à se concentrer sur quelques-unes des images qui se succèdent les unes aux autres à une énorme vitesse et sont d'une manière ou d'une autre cohérentes (IV, 794-806). « Si prompts et si nombreux sont les simulacres des choses, à peine l'un a-t-il disparu qu'un autre est déjà né dans une autre attitude et le premier semble changer la sienne » (IV, 799-801). Lucrèce ajoute que l'esprit du dormeur peut aussi être trompé quand l'image suivante n'entre *pas* en cohérence avec celle qui la précède. Parfois un visage rêvé de femme se mue en celui d'un homme, une personne de petite taille se transforme en quelqu'un de grand, une jeune personne en une plus vieille et ainsi de suite (IV, 818-821). Dans de tels cas, l'erreur du dormeur apparaît plus grande et plus irrationnelle. Tandis que des figures mouvantes du rêve trouvent leur contrepartie dans la réalité (*i. e.* les gens réels se meuvent), les figures du rêve qui changent de sexe, de forme ou d'âge d'un moment à l'autre, n'ont aucune contrepartie dans notre monde à trois dimensions. Si nous voyions quelqu'un subir un changement de ce genre, la réaction naturelle de chacun serait un sentiment de stupéfaction et on se demanderait comment telle chose pourrait s'être produite. Pourtant, les rêveurs ne réagissent pas de cette manière. « Le sommeil et l'oubli nous dispensent d'étonnement (*ne miremur* : IV, 822). L'*animus* du dormeur n'a absolument aucune capacité de réflexion. Un autre texte nous présente une erreur plus dérangeante encore :

> Ainsi quand le sommeil a détendu nos membres, l'esprit (*mens animi*) n'est vigil que parce qu'il est stimulé par les mêmes images (*simulacra*) que lorsque nous veillons, au point qu'il nous semble vraiment apercevoir un défunt possédé par la terre et la mort (IV, 757-761).

Là encore, les rêveurs prennent des morts pour des vivants pour une raison épistémologique : ils n'ont aucune sensation ni aucune mémoire tant qu'ils sont endormis; par conséquent, leur *animus* n'a aucune base sur laquelle il pourrait mettre en question de telles représentations et contredire le faux par le vrai (762-767). Plus particulièrement, l'esprit ne peut pas se souvenir que la figure qui bouge et parle dans le rêve appartient à une personne morte depuis un certain temps. L'absence de mémoire est également importante pour une autre raison : non seulement les rêveurs ne peuvent comparer le contenu de leurs expériences oniriques avec les événements de leur passé, mais ils sont également dépourvus de sens du temps.

D'autres exemples de confusion entre des choses qui n'existent pas et des choses qui existent incluent les visions de monstres tels les Centaures, Scylla et Cerbère. Comme le souligne Lucrèce, il n'a jamais existé de créatures dotées d'une double nature, car des animaux distincts ont des pouvoirs, des habitus et des taux de croissance différents. Chaque espèce est gouvernée par ses propres lois et ne saurait se combiner avec d'autres espèces (V, 878-924). D'un autre côté, des *simulacra* issus de différentes sources peuvent accidentellement se combiner dans l'air, constituer des images de tels monstres et agiter nos esprits (IV, 732-747). Si nous sommes endormis et nos *aisthêseis* ralenties, l'esprit s'empresse de croire que ces apparitions monstrueuses existent vraiment.

Le rôle des préconceptions (*prolêpseis*) dans le rêve est plus difficile à déterminer. Il semblerait que, à la différence des *aisthêseis*, les préconceptions soient en quelque sorte inhérentes au rêve humain[17]. D'un côté, elles ne peuvent pas remplir leur propre fonction épistémologique dans le monde des rêves : les rêveurs ne peuvent appliquer les préconceptions pour les besoins du raisonnement et des recherches théoriques. D'un autre côté, voudrais-je suggérer, l'esprit du rêveur exerce les préconceptions aussi aisément et automatiquement qu'il le fait lorsque le rêveur est éveillé. Car autrement, les rêveurs ne seraient pas capables de « voir » avec les yeux de l'esprit figures et événements comme les sortes de figures et d'événements qu'ils sont. Ils ne seraient pas non plus capables de comprendre ce que disent ou font les figures du rêve. Que nous soyons éveillés ou endormis, l'esprit applique aux images qui lui apparaissent des concepts tels que homme, mouvement, force, action, violence, trahison, hostilité et amitié.

Donc, même si les rêveurs forgent de faux jugements à propos de la réalité à trois dimensions qu'ils voient, il n'en demeure pas moins qu'ils identifient correctement le type de chose qu'ils voient comme un élément relevant d'un certain concept. Si cela est correct, alors la description standard de la manière dont fonctionnent les préconceptions s'applique dans une certaine mesure au rêve et pas seulement à nos activités mentales quand nous sommes éveillés.

> Par exemple : « Ce qui se tient là-bas, est-ce un cheval ou une vache ? ». Il faut en effet, à un moment ou à un autre, avoir appris à connaître la forme (*morphên*) d'un cheval ou celle d'une vache par le biais d'une préconception[18].

En effet, si l'esprit du rêveur applique les préconceptions pour donner sens aux images du rêve, il s'ensuit, à strictement parler, que tout type de mémoire n'est pas inopérant dans le sommeil. Car, puisque les préconceptions sont des concepts de base dérivant d'expériences répétées d'un même type de chose, elles aussi devraient être considérées comme des souvenirs d'une certaine sorte. Dans la mesure où la mémoire a à voir avec les évènements passés dont nous avons été conscients, selon les épicuriens elle est inopérante dans le sommeil : puisque nous pouvons parfois faire revivre, dans nos rêves, des personnes que nous savons pourtant être défuntes, ayant en quelque sorte « oublié » ce détail. La mémoire n'est toutefois pas totalement paralysée, puisque notre esprit endormi conserve la capacité d'appliquer automatiquement préconceptions et autres concepts.

17. À ma connaissance, ce point n'a pas été discuté ni par des auteurs épicuriens connus ni par leurs interprètes modernes.

18. Diogène Laërce, *Vies et doctrines des philosophes illustres*, X. 33 (LS 17 E, trad. fr. J. Brunschwig et P. Pellegrin, *Les philosophes hellénistiques*, I, Paris, GF-Flammarion, 2001).

L'importance éthique des rêves

Pour commencer, je souhaite attirer l'attention sur ce qui pourrait d'abord paraître une digression dans l'argumentation de Lucrèce : un rejet de la téléologie créationniste en faveur de la téléologie naturelle inhérente à chaque espèce ; ainsi qu'une comparaison et une opposition entre les forces créatives de la nature et l'habileté de l'homme orientée vers un but (IV, 823-876). Cette partie intervient immédiatement après l'exposé de Lucrèce sur les images mentales (722-822), mais avant son explication du sommeil et du contenu des rêves (907-1036). Mais il n'est pas du tout évident de comprendre la relation entre la téléologie et l'attitude de celui qui rêve, pas plus que le lien entre le rejet des Épicuriens à l'endroit de la téléologie et leur théorie du rêve.

> Évite cette erreur, oui, prémunis-toi bien : la claire lumière des yeux n'a pas été créée pour que nous voyions au loin, ce n'est pas davantage pour marcher à grands pas que les cuisses et les jambes se plient à leurs extrémités et s'appuient sur les pieds, les bras ne sont point attachés à de fortes épaules, les mains des servantes qui flanquent notre corps pour que nous puissions fournir aux besoins de la vie. Toute explication de ce genre est à contresens, inversant les rapports dans le raisonnement puisque rien dans notre corps n'est pour notre usage formé, mais, lorsqu'un organe s'est formé, il crée l'usage (IV, 823-835).

Si l'on accepte l'ordonnancement traditionnel des vers de Lucrèce, ce passage paraît suivre en quelque sorte la pensée exprimée juste au-dessus (*illud in his rebus vitium* : 822). À savoir, bien que l'esprit du rêveur soit habituellement préparé à suivre une séquence cohérente de *simulacra* (821-826), un changement abrupt se produit parfois et la séquence devient incohérente[19] ; néanmoins le rêveur ne s'en étonne pas (*ne miremur* : 822), précisément parce que il est endormi. Tandis que dans notre vie diurne, des changements de cette sorte seraient considérés comme des miracles, ils ne sont pas envisagés comme tels dans nos rêves. Comment le passage sur la téléologie constitue-t-il une suite ? Comment la pensée téléologique constitue-t-elle une grave faute « à cet égard » (822) ?

Le lien entre les deux passages dépend, voudrais-je suggérer, de la nature apparemment miraculeuse de certains rêves. Ils peuvent être si frappants et si troublants qu'ils nous amènent à conjecturer qu'ils nous apparaissent en vue de quelque dessein. Ils peuvent nous conduire à les considérer non pas comme des événements physiques requérant une explication physique, mais comme des messagers destinés à nous révéler quelque chose, par exemple un grand dessein élaboré par avance par quelque divinité et assignant à chacun et à chaque chose un but spécifique conformément à ce plan. En opposition tranchée, Lucrèce affirme que nos yeux, oreilles, bouche et en général « tous nos membres existaient, à mon sens avant d'avoir leur fonction. Ils n'ont pu donc être créés pour un usage » (839-842). Il est probable qu'il souhaite

19. Par exemple le *simulacrum* d'une femme est immédiatement suivi du *simulacrum* d'un homme : IV, 818-821. Voir *supra*, p. 85.

étendre cette conception aux rêves eux-mêmes. Les rêves sont ce qu'ils sont et étant donné leur nature, les hommes inventent pour eux des utilisations variées et en particulier prophétiques. Comme nous le verrons plus bas, l'exposé par Lucrèce des origines de la religion suggère que ces utilisations traditionnelles sont fautives et nocives, puisqu'elles sont liées à la superstition et à la peur irrationnelle des dieux[20].

Par suite, Lucrèce dessine deux oppositions connexes : 1) entre les paradigmes instaurés par la nature et l'activité intentionnelle qui consiste à reproduire artificiellement de tels paradigmes (IV, 843-857) ; 2) entre la téléologie traditionnelle et l'explication épicurienne de la manière dont les organismes vivants se préservent eux-mêmes (858-876). Ces oppositions visent à faire comprendre que rien dans la nature n'advient par dessein créationniste, mais que tout peut être expliqué par référence aux principes de la physique atomique.

On pourrait cependant rétorquer qu'un certain type d'hypothèse téléologique est nécessaire en vue d'expliquer la tendance naturelle et instinctive qu'ont tous les organismes vivants à se conserver, croître, satisfaire leurs besoins (IV, 858-859). En réponse et pour suivre étroitement Épicure, Lucrèce propose une explication matérialiste alternative de ces phénomènes. Les êtres vivants perdent constamment de la matière atomique à travers la sueur, l'expiration et tant d'autres biais. Les enveloppes des atomes perpétuellement expulsées depuis les recoins des corps vivants flottent dans l'air à la ronde. En vérité, la majeure partie des images qui nous environnent sont engendrées de cette manière. Pour ce qui est des êtres vivants dont proviennent ces images, en temps voulu ils éprouvent le besoin de remplacer la matière perdue : ils manquent de nourriture et en cherchent, ressentent un dessèchement interne et cherchent à boire pour l'étancher. Ainsi se maintiennent-ils pour un moment, même s'ils sont éventuellement voués à périr (858-876). Comparons avec ce qui arrive en dormant. Quelques *simulacra* se retirent dans le corps, d'autres sont expulsés, d'autres encore sont dispersés et désaccordés à travers l'organisme d'une personne avec pour résultat que l'interaction entre l'âme et le corps est temporairement interrompue. Les *simulacra* qui sont expulsés volent partout, loin ou près. Inversement, l'esprit du dormeur reçoit des *simulacra* de partout et de tout, et ceux-ci sont principalement responsables du rêve. Dès que nous nous réveillons, l'*animus* attire d'une manière ou d'une autre les *simulacra* qui ont été expulsés en les ramenant à l'intérieur de l'organisme de chacun et réorganise à l'intérieur de son organisme les *simulacra* qui ont été désaccordés et rétractés en notre for intérieur.

En bref, Lucrèce suggère un étroit parallèle entre, d'un côté, la perte régulière de matière atomique et son remplacement régulier et, d'un autre côté, la dispersion de la matière atomique dans le rêve et la récupération et le réarrangement de cette matière à notre réveil.

Après avoir résumé son avertissement contre le raisonnement téléologique, et après avoir expliqué le phénomène du sommeil (IV, 907-961), Lucrèce en vient à la dernière partie de son analyse du rêve et des songes : d'où puisent-ils

20. Voir *infra*, p. 91.

leur contenu ? Comment celui-ci pèse-t-il sur nos activités diurnes et notre caractère moral ? À bien des égards, cette partie de son analyse des rêves est la plus importante et probablement la plus susceptible d'attirer l'intérêt de nos contemporains.

Nous pouvons aborder le problème du contenu du rêve en revisitant la critique épicurienne attestée par Diogène d'Œnoanda contre Démocrite d'une part et contre les stoïciens d'autre part[21]. Du point de vue épicurien, bien que Démocrite ait raison de considérer comme réelles les figures du rêve, il a tort de supposer qu'elles sont douées de sensations et rationnelles et qu'elles nous parlent ; il a également tort d'affirmer que les rêves sont un avertissement et un don du ciel[22]. À l'inverse de Démocrite, les stoïciens affirment que les rêves sont de simples illusions mentales ou trompe-l'œil[23]. Les stoïciens en concluent que les rêves n'ont absolument aucune efficience causale. De façon tout à fait typique, la position épicurienne se situe quelque part entre les deux : les rêves sont certes matériels mais n'ont pas le type d'efficience causale que leur prête Démocrite, c'est-à-dire qu'ils ne sont pas causalement efficients au sens où le sont les êtres à trois dimensions. D'un autre côté, en dépit de ce qu'affirment les stoïciens, les rêves ne sont pas de simples états illusoires dépourvus de pouvoirs causaux.

Les rêves ne sont pas de simples états illusoires dépourvus de pouvoirs causaux

Quel est alors le pouvoir causal des rêves ? Leur contenu est aussi déterminé de façon cruciale par la réalité interne : le caractère et le mode de vie du rêveur. Comme les exemples suivants le montrent, rêver a irréductiblement des aspects subjectifs et intensément personnels. Ce n'est pas uniquement une question de bombardement passif de l'*animus* par des images formées dans l'air environnant. Nos rêves sont aussi grandement déterminés par nous-mêmes.

Un ensemble de rêves a à voir avec les besoins du corps et leur satisfaction. Des gens assoiffés sont assis près d'un ruisseau et ne cessent de boire, d'autres qui ont besoin d'uriner trempent leurs vêtements, et d'autres, émus par un joli visage ou une jolie silhouette, font l'expérience des rêves érotiques (IV. 1024-1036). Un autre ensemble de rêves a trait aux activités et travaux réguliers de chacun.

> Les goûts et les passions qui nous prennent et nous tiennent (*studio*), les sujets sur lesquels nous sommes restés longtemps, dont l'étude exigea singulière attention, voilà ce qui nous apparaît le plus souvent en rêve : les avocats plaident et confrontent les lois, les généraux guerroient et se lancent à l'attaque, les marins poursuivent leur lutte contre les vents, moi je fais cette œuvre, je cherche la nature des choses, toujours et la révèle sur des papiers ancestraux. Ainsi des passions et des métiers divers (*studia atque artes*) : leurs vaines images tiennent l'esprit des hommes (IV, 962-972).

21. D. Clay, « An Epicurean Interpretation of Dreams », art. cit., discute ces critiques en détail.

22. Respectivement : fr. 10 IV. 10-V. 2 ; fr. 9 VI. 5-9 Smith. Sur le point de vue de Démocrite, voir Cicéron, *De divinatione*, 1. 3. 5 et Sextus, *Adversus Mathematicos*, IX. 19 (cité par Smith, *Diogenes of Oinoanda…*, *op. cit.*, p. 449, n. 11).

23. *Cf.* [σ]κι[α]γραφήματα : fr. 10 I. 4-5.

Un autre ensemble encore a trait aux rêves qui mettent en scène des désirs, émotions et passions exprimés ou refoulés.

> Les hommes dont l'esprit en grand mouvement accomplit de grandes prouesses les revivent (*faciuntque geruntque*) souvent en songe : ils triomphent des rois, sont pris, dans la mêlée se jettent et poussent des cris, comme si on les égorgeait. Beaucoup se débattent, gémissent de douleur et, croyant qu'une panthère ou quelque lion furieux les mord, ils emplissent l'espace de grands cris. Beaucoup discutent en rêve d'affaires importantes et très souvent dénoncèrent leurs propres forfaits. Beaucoup vont à la mort, beaucoup d'un haut sommet se voyant précipités jusqu'à terre s'effraient éperdument, s'éveillent comme fous, recouvrent à peine leur sens, tout palpitants d'émoi (IV, 1011-1023).

Dans le premier groupe de rêves, les gens rêvent d'eux-mêmes en proie à la soif, à la faim, au désir ou sous l'emprise de quelque autre besoin physique dont l'accomplissement induit habituellement un processus qui s'achève sur un sentiment de soulagement ou de plaisir. De telles expériences sont susceptibles d'être suffisamment intenses dans notre vie éveillée pour que nous puissions tout aussi bien en rêver. Dans le sommeil et l'état de veille à la fois, l'envie liée au besoin est douloureuse, mais sa satisfaction est agréable. Cependant, tandis que le processus est réel quand nous sommes éveillés, il n'est que virtuel quand nous sommes endormis ; nous nous voyons altérés et nous nous voyons boire mais nous ne ressentons en réalité ni soif ni faim. Néanmoins de tels rêves ont le pouvoir d'agir sur nous de façon causale : il arrive aux rêveurs de tendre leurs mains pour remplir le verre ou de mouiller leurs vêtements en dormant. Ensuite, dans le second groupe, on trouve des exemples de rêves relatifs à la profession de chacun ou à d'autres activités qu'il pratique quand il est éveillé. Les avocats rêvent de cours de justice et de lois, les militaires de batailles, les marins de navigation et ainsi de suite. Dans de tels cas, il pourrait sembler que la relation causale est inversée. Les rêves d'un tel sont, pour ainsi dire, calqués sur ses intérêts et expériences diurnes. C'est la plaidoirie de l'avocat devant la cour ou le minutieux plan de bataille du général qui déterminent le contenu de leurs rêves plutôt que l'inverse.

Le troisième ensemble d'exemples apparaît pour illustrer les deux types d'interaction causale mentionnés plus haut : nos désirs exprimés ou inexprimés, nos émotions, nos passions et nos valeurs agissent sur nos rêves ; mais aussi, nos rêves agissent sur nous tout autant. Concernant l'influence causale de nos états et attitudes mentaux sur nos rêves, il est tout d'abord important de noter que même si les types de rêves examinés dans cette section pouvaient être réalisés ou réalisables, ils n'ont pas besoin de l'être. À la différence du marin qui rêve de navigation parce qu'il navigue toute sa vie durant, il est peu probable que les rêves du roi – être massacré – découlent de ses expériences personnelles dans la vie réelle. Il est susceptible d'avoir entendu parler d'autres rois qui ont été massacrés et, dans de rares cas, d'avoir été témoin du meurtre d'un parent proche qui avait été roi. Mais il faut bien plus vraisemblablement faire dériver ses rêves de massacre de la peur que de l'expérience. Des remarques similaires s'appliquent aux cauchemars que font les gens de périr, d'être blessés, dévorés vivant par des bêtes sauvages, ou précipités au sol depuis le sommet d'une montagne. Bien des gens redoutent de telles choses sans les avoir jamais le moins du monde côtoyées. Lucrèce suggère que, généralement, la peur qui provoque les rêves en question est la peur de la mort (IV, 1020).

À leur tour, ces cauchemars agissent sur les rêveurs. Dans leur sommeil, ils s'agitent et frissonnent, ils luttent, ils crient, ils pleurent. D'une part, aucun de ces événements n'est causé de manière à constituer une action véritable. Car chaque rêve est une réalité virtuelle, bi-dimensionnelle, possédant la force virtuelle de quasi motivation. Et c'est pourquoi il n'agit pas sur le rêveur à la façon dont le monde réel agit sur nous. D'autre part, les rêves ont un pouvoir causal suffisant pour provoquer certains types d'effets chez ceux qui les font. La description par Lucrèce des origines de la religion et des croyances fausses sur les dieux illustre ce point.

> Dès ce temps, les mortels voyaient en effet des dieux les figures merveilleuses quand leur esprit veillait, et plus encore en rêve les corps à la taille étonnante. Ils leur attribuaient la sensibilité parce qu'ils les voyaient se mouvoir, lancer des paroles hautaines en accord avec leur beauté, leur grande force. Ils leur prêtaient l'immortalité parce que leur visage se présentait toujours et que sa forme demeurait, mais aussi parce qu'ils étaient si vigoureux qu'aucune force, pensaient-ils, ne pouvait les vaincre. Ils pensaient aussi que leur sort était bien plus heureux parce que la peur de la mort point ne les tourmentait et qu'ils les voyaient en songe accomplir mille et une prouesses merveilleuses sans éprouver fatigue aucune (V, 1169-1182).

À mon avis, ce passage n'explique pas les origines de la préconception de la divinité[24], mais l'acquisition par les primitifs d'une fausse conception des dieux[25]. Selon Lucrèce, la source de cette dernière réside dans les visions mentales et, notamment, dans les rêves. C'est-à-dire que les premiers hommes contemplaient des images des dieux dans lesquelles des figures suprêmement puissantes et belles paraissaient se mouvoir, parler et accomplir de hauts faits. D'où ils déduisirent que ces êtres devaient aussi être immortels et bienheureux. Ces dernières caractéristiques sont vraies s'agissant des dieux, mais les peuples primitifs les ont inférées sur de mauvaises bases : ils ont pris les figures en mouvement pour des êtres divins dotés de capacités suprêmes; en fait, les images étaient des *simulacra* dont la rapide succession créait l'impression d'un mouvement et d'un comportement cohérents. Alors que ces apparitions n'avaient pas le type d'efficacité causale ressortissant aux êtres vivants, elles eurent indubitablement un effet causal majeur. Cette vision des dieux ne fit pas que troubler les rêves des primitifs. Elle ruina la paix de leur esprit et remplit de peur et de superstition les générations suivantes (V, 1194-1203).

Ainsi, suivant l'analyse de Lucrèce, il se produit une relation causale complexe et réciproque, en quelque sorte, entre les facteurs objectifs et les

24. La préconception (*prolêpsis*) de dieu doit être correcte puisque les préconceptions sont des critères de vérité.
25. Voir Lucrèce, *DRN*, V, 1161-1240, en particulier 1161-1169 et 1194-1203; V. Tsouna, « Epicurean Preconceptions », *Phronesis* 61, 2016, p. 160-221, p. 174-81. Un point de vue différent est suggéré par D. Sedley, « Epicurus'Theological Innatism », *in* J. Fish and K. R. Sanders (eds.), *Epicurus and the Epicurean Tradition*, Cambridge, Cambridge University Press, 2011, p. 29-52.

facteurs subjectifs impliqués dans le rêve : entre les combinaisons de *simulacra* entrant depuis l'extérieur dans l'esprit du rêveur et les éléments mentaux et psychologiques qui déterminent le paysage intérieur de celui-ci. Rêver ne consiste pas dans la simple acceptation non-critique d'images par l'esprit des dormeurs. Leurs personnalités, intérêts, croyances et valeurs jouent aussi un rôle important et déterminant pour le contenu de leurs expériences oniriques.

Comment ce type d'alliance est-il physiquement possible ? Comment contribuons-nous à façonner nos rêves bien que nous dormions et que nos capacités sensorielles et critiques soient défaillantes ? Lucrèce ne formule pas directement cette question. Toutefois, on peut trouver chez lui de la matière qui permet de fournir plusieurs réponses différentes à cette question. Une possibilité pourrait être la suivante : dans le sommeil, comme nous l'avons vu, une partie de l'*anima* s'échappe du dormeur et se disperse dans l'air. Les atomes de cette partie de l'*anima* composent des *simulacra* dans l'espace avoisinant. Ainsi des images comme par exemple le Centaure peuvent se former de deux manières différentes : ou bien spontanément dans l'air à cause du hasard de combinaison des atomes provenant du cheval et de l'homme (IV, 732-743), ou sinon à partir des *simulacra* provenant de la partie de l'*anima* du dormeur qui a quitté son corps. Dans ce dernier cas, les *simulacra* de forme Centaure qui par la suite pénètrent l'esprit du dormeur lui appartiennent au premier titre. Car ce sont des pellicules d'atomes issus de sa propre âme et qui représentent des visions qui habitent ce dernier. Une hypothèse alternative, que je privilégie, est la suivante : il se pourrait que la source des *simulacra* de forme Centaure soit uniquement extérieure. Mais l'*animus* du rêveur serait ou ne serait pas préparé à les accepter suivant les pensées, émotions et habitudes de cette personne. Par exemple, tandis que les croyances et pratiques d'un adepte superstitieux des mythes créent des pores appropriés à l'acceptation des images évoquant le Centaure, les croyances et pratiques d'un penseur épicurien ne le disposent pas à recevoir de telles images. De surcroît, en admettant même que les images évoquant le Centaure atteignent l'esprit des rêveurs épicuriens aussi bien que celui des profanes superstitieux, l'*animus* du premier ne sera pas enclin à les tenir pour vraies contrairement à l'*animus* du dernier. Selon cette dernière hypothèse donc, les rêveurs ne contribuent pas à la constitution matérielle de leurs rêves ; les *simulacra* en quoi consistent les rêves proviennent toujours du hasard de sources extérieures. Néanmoins, les croyances et intérêts des rêveurs affectent de façon décisive à la fois la sélection et l'interprétation des images par l'*animus*.

Comme le suggère Lucrèce, les rois tout comme les profanes vivent dans une sorte de chaos mental causé par des désirs vides, de fausses convictions et des valeurs perverses. Ils sont conduits par de puissantes passions et peurs telles que l'avidité et l'ambition aussi bien que la peur des dieux et la peur de la mort. Et ils sont continuellement hantés par ces dernières, à la fois quand ils sont éveillés et quand ils s'endorment. Dans cette dernière situation, leur *animus* se tourne, pour ainsi dire, vers l'intérieur : vers ses propres expériences, attentes et sentiments. Sans le contrôle du pouvoir critériologique de la sensation, l'esprit vigilant reçoit des images qui d'une certaine manière correspondent aux dispositions susmentionnées et les contemple à la lumière de ces dispositions. Même si les rêveurs n'ont pas conscience de ce processus de synthèse et d'interprétation, il a néanmoins lieu. Ainsi sans la connaissance ni le consentement conscient des rêveurs, leurs inquiétudes diurnes envahissent leur sommeil et déterminent sa qualité. Les rêves de Lucrèce relatifs à ses propres efforts d'auteur furent probablement agréables, alors que les rêves de carnage et de destruction sont dérangeants et pénibles.

Une importante implication de l'exposé ci-dessus est que l'identité de chacun persiste en rêvant. Bien que, endormis, nous n'ayons ni véritable conscience ni mémoire, nous demeurons nous-mêmes. Physiquement, notre *animus* nous maintient en un tout (III, 396-397). Psychologiquement et moralement, nous sommes habités en dormant par des versions imaginaires de notre existence diurne. Les rêves ne sont pas de simples indications de la manière dont il nous arrive de penser ou de sentir à un moment donné. Ils révèlent des traits profondément ancrés de notre personnalité et nous montrent la sorte de personne que nous sommes. Concernant aussi cette fonction, nous devons noter qu'il n'y a rien de métaphysique quant à nos rêves. Car il n'y a rien de métaphysique ou de mystérieux quant à notre caractère : nous sommes ce que nous nous faisons.

Conclusions

Selon les Épicuriens et en particulier Lucrèce, rêver est une modalité du mécanisme physiologique et psychologique qui a cours aussi pour la sensation et la pensée. Néanmoins rêver aussi bien que les autres activités incluant des images mentales ne saurait être identifié ni aux actes des sens ni aux actes de la raison et du jugement. D'un côté, rêver ressemble à la perception étant donné ses aspects physicalistes et représentationnels, mais en diffère parce qu'il inclut l'opinion (*prosdoxazesthai*) et le mensonge. De l'autre côté, même si le rêve implique la croyance en plus de l'apparition, et bien qu'il dépende des opérations de l'*animus*, il diffère des actes normaux de la raison en vertu de son objet particulier : des images en deux dimensions consistant en *simulacra* extrêmement fins et agiles qui pénètrent dans l'esprit du dormeur. Tout compte fait, il paraît plausible de conjecturer que les Épicuriens, et en particulier Lucrèce, soumettent le rêve et les songes à une faculté distincte sinon séparée, à savoir l'imagination, dont les pouvoirs complètent ceux de la sensation et du jugement.

En tout cas, c'est un fait indéniable que les Épicuriens attribuent à l'activité du rêve une considérable signification psychologique et morale. Quoique les rêves ne soient pas véridiques, ils sont révélateurs : non pas de la volonté des dieux ou du monde des morts, comme le veut la tradition, mais des recoins intimes de tout un chacun. Pour cette raison les rêves montrent le chemin de la thérapie psychologique et de la résilience morale de tout un chacun. Ils facilitent les diagnostics d'angoisses et de mensonges qui dévastent la vie humaine et ils suggèrent des moyens par lesquels ces derniers peuvent être surmontés.

Sur ce sujet comme sur tout autre, le sage Épicurien fixe le standard idéal auquel nous devrions aspirer.

> Fais de ces choses et de celles qui s'y apparentent l'objet de tes soins, jour et nuit, pour toi-même et pour qui t'est semblable, et jamais, ni éveillé ni en songe, tu ne connaîtras de trouble profond, mais tu vivras comme un dieu parmi les hommes[26].

Une complète adhésion à l'Épicurisme implique que le sage préserve sa parfaite tranquillité dans le sommeil autant que dans la veille. Son attitude et ses habitudes assurent que les pores à travers lesquels passent les images du rêve permettent à l'esprit de choisir les *simulacra* agréables plutôt que les désagréables. Les opinions selon lesquelles l'*animus* du sage aide à la contemplation de ces images sont invariablement vraies et jamais fausses. Le sage ne doit pas confondre la réalité des *simulacra* avec ce que les *simulacra* paraissent représenter. S'il lui arrive de rêver de monstres ou de gens morts depuis longtemps, il les prend pour ce qu'ils sont : des illusions créées au hasard par des *simulacra* volant dans l'air. S'il rêve des dieux, ce ne sont pas les êtres terrifiants de la religion, mais des images de béatitude et de beauté. Ni la vision ni la réalité de la mort ne l'effraient puisqu'il sait que la mort n'est rien pour nous. Pour ce qui est des rêves d'ambition et de violence, sa parfaite bonté empêche la sélection de telles images par son *animus;* elles n'atteignent pas du tout son esprit. Le sommeil paisible du sage reflète la sainte tranquillité de sa vie intérieure. Là réside la clef de sa ressemblance aux dieux[27].

Voula Tsouna
University of California

Traduit de l'anglais par Joëlle Masson

26. Épicure, *Lettre à Ménécée*, 135 (trad. fr. P.-M. Morel, *op. cit.*).
27. Cet article fut présenté dans le cadre d'un séminaire sur l'imagination dirigé par Juliette Dross, Jean-Baptiste Gourinat, Charlotte Murgier et Christelle Veillard. Je remercie les organisateurs et les participants pour leurs commentaires et critiques. Je voudrais également remercier Alain Gigandet pour la communication qu'il présenta au même séminaire aussi bien que pour ses remarques sur ma propre communication. Ma reconnaissance va également à Gabor Betegh, Riccardo Chiaradonna, Francesca Masi, Stefano Maso, Emidio Spinelli et Francesco Verde pour leurs remarques sur la version de cet article publiée en anglais (V. Tsouna, « Epicurean Dreams », *Elenchos* 38 (2), 2018, p. 231-256).

ASPECTS DU TEMPS DANS L'ANTIQUITÉ[1]

Jean-Louis Poirier

Le temps ne peut être disjoint de l'éternité. « Image mobile de l'éternité immobile » selon Platon, dans le *Timée*, il permet à la réalité sensible d'être stable et de durer, en lui apportant le pouvoir d'imiter l'éternité par son mouvement cyclique. Avec le christianisme, malgré l'abandon de la figure cyclique, ordonné à une signification historique, le temps conserve ce pouvoir organisateur, dans un monde à l'image de Dieu. Mais c'est la déficience du temps, mise en scène dans les mythes de la religion gnostique, dans le contexte anxiogène d'une création ratée, œuvre d'un dieu incompétent, qui met en évidence, quoique sur un mode négatif, l'articulation essentielle du temps et de l'éternité.

Nous voulons mettre en avant, ce soir, la célèbre, mais remarquable, définition du temps donnée par Platon dans l'un de ses derniers dialogues, le *Timée*. Cette définition, énigmatique en sa beauté, a quelque chose d'exceptionnel.

D'abord, naturellement, parce qu'elle permet d'élucider presque entièrement dans l'Antiquité, et probablement pour longtemps, la question du temps. Cela, en faisant apparaître une problématique qui l'articule étroitement, sinon essentiellement, à ce qu'on appelle l'éternité. Et même les définitions qui disjoignent totalement le temps de toute référence à l'éternité, comme celles des épicuriens ou des stoïciens (pour ne pas parler, évidemment, des approches modernes et de la physique contemporaine), et qui supposent, d'une manière ou d'une autre, la non-réalité du temps, même ces définitions se rattachent en fait, serait-ce sur un mode négatif, à la définition platonicienne.

Ensuite parce qu'elle présente une singulière dimension provocatrice, qui ne cessera, de nous guider.

1. Conférence prononcée le 3 octobre 2019 à l'occasion des Rencontres philosophiques de Langres.

La définition platonicienne du temps

Cette définition intervient, dans le récit du *Timée,* comme la conclusion de deux moments, qu'il faut dire mythologiques, plutôt que théoriques, ne serait-ce que parce que, comme le rappelle Platon, la connaissance de la nature, *la physique,* se déploie nécessairement dans la forme d'un discours mythique, puisqu'il s'agit de raconter le devenir sensible, précisément comme κόσμος ou nature, d'un en-soi transcendant, désormais traversé par le temps. Toute physique est donc mythologique, et toute mythologie s'accomplit dans le temps. Du moins en sa vérité : comme dit le poète, *le temps scintille et le songe est savoir.*

Le premier moment est donc la *fabrication de l'âme* du monde (35a), le second (36d) étant la *position du corps* du monde.

L'âme du monde

L'âme du monde est un mélange soigneusement intriqué et précisément dosé de Même et d'Autre, auquel l'ouvrier fabricateur donne la figure de deux cercles qu'il croise en chiasme, donc comme la lettre χ. Ainsi sont donnés l'équateur céleste (qui correspond au mouvement diurne de la sphère des fixes) et l'écliptique (qui correspond au mouvement annuel du Soleil), formant, comme on peut l'observer dans le ciel, un angle de 23° et quelques, définissant ce qu'on appelle la bande zodiacale, avec ses constellations animales. C'est à partir de ce moment, si l'on peut déjà prendre en compte la temporalité du récit, que l'âme du monde va prendre corps.

> Or, toute cette composition, le dieu la coupa en deux dans le sens de la longueur, et ayant croisé les deux moitiés l'une sur l'autre, en faisant coïncider leurs milieux, comme un Chi, il les courba pour les joindre en cercle, unissant entre elles les extrémités de chacune, au point opposé à leur intersection. Il les enveloppa du mouvement uniforme qui tourne dans le même lieu, et, des deux cercles, il fit l'un extérieur, l'autre intérieur.
> […] Ainsi l'Âme, étendue dans toutes les directions, depuis le milieu jusqu'aux extrémités du ciel, l'enveloppant en cercle du dehors, et tournant en cercle sur elle-même en elle-même, commença d'un commencement divin, sa vie inextinguible et raisonnable, pour toute la durée des temps. Et ainsi naquirent, d'une part le corps visible du Ciel, et de l'autre, invisible, mais participant au calcul et à l'harmonie, l'Âme la plus belle des réalités engendrées par le meilleur des êtres intelligibles qui sont éternellement. (35a-37a)

Voilà qui appelle quelques remarques, au sujet du travail de ce démiurge artisan et de son œuvre.

Il faut noter, en particulier si on compare cet ouvrier au menuisier fabricateur de lits du livre X de la *République,* que celui-ci est fort heureux, talentueux et même génial, parfaitement et légitimement satisfait de son travail, alors que celui de la *République,* sans être exactement un tâcheron, était finalement tenu pour un contrefacteur qui dégradait son modèle en le copiant. Même si ce n'est pas encore celui du peintre, le lit produit par le menuisier nous éloigne déjà irrémédiablement du lit idéal, alors que le monde produit par l'artisan du *Timée*, semble ne mériter que des éloges et semble parfaitement digne de son modèle. Il vit en tout cas son travail de fabrication avec un bonheur proprement jubilatoire.

Notons aussi que *fabriquer* (ce qui est l'opération de l'artisan, et ne doit pas être confondu avec *créer*, sauf abus de langage) consiste à composer des mélanges, et en l'occurrence à unir l'idéel et le sensible, la forme et la matière, l'ordre et le chaos. Et toujours, donc, à faire passer l'invisible dans le visible, ce qui ne va pas de soi. Revenons à la charge : c'est l'occasion de voir ce que cette réussite a de prodigieux, qui est justement de conjurer la dégradation qui affectait l'œuvre du menuisier de la *République*. Le génie de ce démiurge est précisément de faire que son œuvre, loin de nous éloigner de l'Idée, en soit de part en part pénétrée, et nous la fasse voir en tout son éclat. D'où ce coup de génie de fabriquer non pas n'importe quel artéfact, mais bel et bien une *âme*, à savoir une réalité capable d'*animer* ce à quoi elle se mélange, de donner la vie à la copie du vivant.

L'orientation vers le sensible

Nous sommes donc en présence d'une quasi subversion de la vulgate platonicienne; certes, si notre regard doit demeurer rivé aux Idées, il est désormais tenu de les chercher au cœur du sensible, de les identifier dans le mouvement même d'une matière chaotique. Le *Timée*, avec son grand mythe, est littéralement, un *acheminement vers le sensible.*

Acheminement vers le sensible d'abord, dans le mouvement même qui produit conjointement une connaissance de la nature, une *physique*, et un mythe : c'est-à-dire une présentation elle-même sensible ou imagée, étalée dans la multiplicité, des premiers principes invisibles de toutes choses, des premiers *intelligibilia*, de l'Un.

Mais cette réorientation du regard et du questionnement ne comporte pas seulement la remise en question de l'aspiration platonicienne à se transporter vers le monde des idées, à poursuivre, sur les ailes de l'âme, une dialectique ascendante, elle nous rappelle aussi, en nous reconduisant à la réalité matérielle et sensible, que la production même du monde, comme mise en ordre du chaos, relève d'une transgression majeure, celle par laquelle l'intelligible lui-même s'est fait monde[2].

Et telle est la fonction du temps, présente au cœur du travail du Démiurge, dans la mesure où elle permet la pénétration de l'intelligible dans le sensible, dans la mesure où elle oriente l'âme vers la réalité corporelle et sensible (à l'inverse du mouvement classiquement reçu d'aller vers les hauteurs de l'intelligible, ainsi que le rappelle Erwin Rohde[3]).

2. Faut-il insister sur le fait que, en bonne mythologie, l'intellect, qui a nom Ouranos (le ciel), se vit cruellement dépouillé de ses organes reproducteurs ? En quoi il faut voir l'exigence proprement assignée à l'intellect, de ne point se mélanger et de demeurer en lui-même, en son infertilité, autrement dit de ne jamais donner existence à un monde. On mesure la transgression accomplie par le Démiurge du *Timée* ! et on comprend la jubilation qu'il ressent à rendre réel le rationnel ! ce que Hegel appellera la *scission* est conjuré, un interdit séculaire vole en éclats !

3. Voir *Psyché*, par exemple chap. XIII, Paris, Les Belles Lettres, 2017, p. 525.

Fonction du temps

Dans ce mouvement, le rôle du temps est essentiel, non seulement pour assurer le passage de l'être éternel à l'être en devenir, mais pour rendre intelligible, autant que possible, l'entr'expression du visible et de l'invisible.

> Or quand le Père qui l'avait engendré comprit qu'il se mouvait et vivait, ce Monde, image née des Dieux éternels, il se réjouit et, dans sa joie, il réfléchit aux moyens de le rendre plus semblable encore à son modèle. Et de même que ce modèle se trouve être un Vivant éternel, il s'efforça dans la mesure de son pouvoir, de rendre éternel ce tout lui-même également. Or, c'est la substance du Vivant-modèle qui trouvait être éternelle, nous l'avons vu, et cette éternité, l'adapter entièrement à un Monde engendré, c'était impossible. C'est pourquoi son auteur s'est préoccupé de fabriquer une certaine imitation mobile de l'éternité, et, tout en organisant le Ciel, il a fait, de l'éternité immobile et une, cette image éternelle qui progresse suivant la loi des Nombres, cette chose que nous appelons le Temps. (37b-e)

En son principe, la fabrication du monde se traduit donc lumineusement, dans l'apparition même du visible, avec le ciel étoilé, et, par le même mouvement, dans le devenir visible de l'intelligible sous la forme de l'ordre qui s'empare du chaos, de la sphère des fixes entraînant avec le zodiaque la succession de tous ces animaux qui gravissent le ciel, au gré des diverses saisons[4]. Citons Victor Hugo :

> Et je suis le rouage énorme d'où descend
> L'ordre invisible au fond du gouffre éblouissant[5].

Dans ce transport, tout signale l'amour du sensible. L'entreprise de donner un corps à une idée, ce geste accompli par l'artisan divin de fabriquer le κόσμος resplendissent par leur mouvement, leur lumière, leur débordement de joie et de sensualité, l'orientation théorique du technicien aux yeux fixés sur les Idées se déploie en une orientation technique. Mais il manque encore quelque chose : si le monde sensible ressemble en effet à son modèle, il lui manque néanmoins l'éternité.

Et c'est de cette problématique que surgit le temps, car il faut « fabriquer une certaine imitation mobile de l'éternité », et donc faire « de l'éternité immobile et une, cette image éternelle qui progresse suivant la loi des Nombres, cette chose que nous appelons le Temps ». Il est clair que parler ici d'image a un sens particulièrement fort : une telle image n'éloigne pas de son modèle, elle l'exprime et y conduit.

C'est à cela que sert le temps : à imiter l'éternité dans le devenir, en le faisant durer. D'où l'importance d'une approche du temps qui ne le disjoigne pas de l'éternité et lui donne, par là, sa consistance ontologique. Le temps articule le devenir à l'être immuable, et il a le pouvoir organisateur de donner à son écoulement le rythme du nombre. Voilà donc une définition du temps

4. Ces mêmes animaux dont le prisonnier voit l'ombre se dessiner sur les murs de la caverne (cf. *République*, VII).
5. *La Légende des siècles*, XXVIII, « Abîme, Le Zodiaque », vers 167-168.

qui, d'un côté, s'affranchit de l'imprévisibilité héraclitéenne (« Enfant qui joue aux dés »[6]), et de l'autre, de l'inutile abstraction stoïcienne qui refuse toute réalité au temps en le réduisant au présent, considéré comme le seul temps réel. Comme elle ne s'affranchit pas moins de la mise à l'écart épicurienne fait du temps un accident d'accident[7].

Observons en passant que, bien entendu, la définition aristotélicienne[8] demeure fidèle à la problématique platonicienne. « Nombre du mouvement selon l'antérieur et le postérieur » ne veut pas dire que le temps soit une mesure extérieure et abstraite, mais simplement qu'il est l'aspect nombrable du mouvement (pas seulement selon le lieu, toutes les catégories de l'être étant engagées, bien sûr, mais toujours selon l'avant et l'après). Le temps est essentiellement inscrit dans l'être en devenir. Il en résulte plusieurs caractéristiques qui permettent d'en mieux expliquer la définition :

1) Le temps n'est pas une forme vide. Il est la durée des choses, inscrit en elles. Il n'est pas mesure, même si on peut le mesurer.

2) Il est producteur d'unité : par le devenir, il unifie les mouvements comme les contradictions, il rassemble l'être séparé de lui-même en lui donnant passé, présent et futur. Sans le temps, séparé de ces moments essentiels, l'être en devenir serait incapable d'existence.

3) Enfin, il est cyclique, car tel est le temps de la génération et de la corruption.

Le temps et l'ordre du monde sensible

De ces trois caractères on tire la conséquence plus ou moins directe que le temps est rigoureusement et intrinsèquement lié au déploiement du monde du devenir, en tant qu'il est précisément ce qui permet le passage de l'immobilité au mouvement, ou de l'invisible au visible, de l'intelligible au sensible, bref de l'idée au réel. Il est ce qui engendre l'image visible du cercle à partir de son idée invisible, ou, dans l'ordre de la mythologie, ce qui installe dans la chronologie narrative des figures divines les principes premiers de ce qui est. On ne cessera de vérifier que le passage de l'idée à l'image enveloppe une dimension temporelle, homologue à la relation qui articule le devenir à l'être.

Ainsi, comme forme de la succession, le temps permet la coexistence des existences successives ; il enchaîne le passé, le présent et le futur, et en unifiant les opposés, il fait mêmes dans leur devenir Socrate debout et Socrate assis. Mais cette forme ne rend pas seulement possible la contradiction, une même chose pouvant, sous le rapport du temps, être affectée de prédicats incompatibles ; elle lie aussi la cause et son effet, en rendant visible leur liaison dans le mouvement de se succéder ; comme elle lie encore les pensées, comme les mots du discours, qui ne peuvent se donner et faire ainsi *une* pensée que dans la succession. Autrement dit, si on se donne la liberté d'user des concepts kantiens, le temps renvoie à un *schématisme* qui fournit la loi ou

6. Fragment B. 52.
7. *Cf.* Épicure, *Lettre à Hérodote*, § 72-73.
8. *Physique*, livre Δ.

la méthode pour faire surgir l'image de son modèle intelligible mais invisible. Divine *apparition* : le ciel, le monde, sont de l'intelligible devenu visible.

Beau ciel, vrai ciel, regarde-moi qui change !

L'Univers, comme le mythe, énonce le concept narrativement. Par suite, ce schématisme porte une loi d'apparition, mais aussi de recouvrement : le sensible fait *voir* le sens en le recouvrant. L'âme – celle du monde, comme celles des multiples êtres auxquels elle se voue – est pour ainsi dire la forme de toute représentation sensible, elle enveloppe au sein du temps tout ce qui apparaît. Il faudrait approfondir ce schématisme, dans lequel Kant verra un « art caché », pour mieux expliciter ce en quoi le temps est essentiellement imitation de l'éternité.

Ainsi, on peut observer que la pure et simple intrusion de l'éternité dans le devenir – ce qui serait l'apparition de la *géométrie* – a pour effet d'immobiliser celui-ci en une éternité sans vie, « consolatrice affreusement laurée ». En revanche, l'irruption des *intelligibilia* dans le monde sensible, si le temps intervient, aura pour effet de produire un devenir cohérent et de donner au monde son mouvement, ce qui est, avec la mythologie, la fabrication même du monde selon le *Timée;* ou, prenant appui sur l'analyse kantienne, l'invention de *l'arithmétique,* la loi du sens interne, qui additionne les unités dans le temps et produit la synthèse du multiple. C'est cette pensée qui unifie le divers de la sensibilité ; bien sûr, ce n'est pas la création du monde, et ce n'est pas non plus exactement de la mythologie, mais c'est quand même l'apparition du phénomène. Pourquoi ne pas évoquer aussi, moyennant une culture résolue de l'intériorité, non plus le rythme austère du nombre et de l'arithmétique, mais l'apparition de la musique dont Hegel montrera qu'elle n'est rien d'autre que le temps de l'âme individuelle devenue sensibilité vivante, l'arithmétique de l'esprit, Bach, Mozart et Beethoven. On voudrait en cela faire comprendre à quel point le temps est essentiel à la production du monde, autrement dit comment le temps fait de l'ordre une réalisation concrète. Il faudrait faire comprendre, par là même, comment, avec l'invention du temps, l'éternité se retrouve au cœur du sensible, et surgît la vie des images.

Bref, on doit au temps, et de part en part, la structuration du monde sensible comme d'un devenir organisé. Selon l'exacte définition du *Timée,* en tant qu'image de l'éternité, le temps est ce qui assure le lien du visible et de l'invisible, et, comme temps cyclique, du mobile et de l'immobile.

Le temps cyclique, image de l'éternité

Il faut s'attarder quelques instants sur cette figure remarquable du cycle, ou du cercle.

D'inspiration évidemment astronomique, figure évidente et majestueuse de la pérennité, rythmée selon le nombre et différenciée sur le modèle du retour régulier des saisons, la figure du cycle recueille aussi quelque chose de sa version germinative et agricole, qui renvoie aux rythmes de la vie, aux temps du bourgeonnement, de la récolte et de l'ensemencement. En cela, le temps permet à un être inachevé et incomplet, voué à l'inexistence si on lui retire son futur, de parvenir à une sorte de complétude, peut-être de perfection. Le temps cyclique porte bel et bien l'image de l'éternité puisque, pour un être en devenir, soumis à la génération et à la corruption, il est la seule manière non seulement de se conserver, mais de se conserver identique à lui-même.

En trouvant sa place au fond de la matière en désordre, l'intelligible la mobilise donc selon un devenir *qui ressemble à quelque chose.* Il est clair que la référence à l'éternité est essentielle, elle engage le contenu même du temps.

Cette coïncidence, propre à la représentation antique, entre création d'un monde et mise en ordre du chaos, est au cœur du *Timée*, et Plutarque explique, dans son commentaire, l'immense bénéfice qui en résulte, tirant toutes les conséquences de cette représentation : en fait, il ne faut pas réduire la création à un geste créateur incompréhensible, à on ne sait quelle *fulguration* qui tirerait quelque chose du rien; créer, c'est faire exister de l'ordre, fait d'une intelligence bienveillante, d'un intellect.

> Car Dieu n'a pas organisé une matière qui fût sans activité, mais il lui a donné de la stabilité, afin qu'elle ne fût plus troublée par une cause aveugle et stupide. Il n'a pas mis dans la nature les principes de ses passions et de ses changements, mais l'ayant trouvée sujette à toutes sortes de passions et de vicissitudes désordonnées, il lui a ôté son désordre et son irrégularité; et pour cela, il a employé l'harmonie, la proportion et le nombre, comme des instruments destinés, non à produire dans les substances, par le changement et le mouvement, les passions et les vicissitudes de l'être changeant, mais plutôt à les rendre fixes et stables, et à leur communiquer les affections de la substance, qui est toujours la même et toujours semblable[9].

L'âme du monde, telle qu'elle se dessine dans le ciel scintillant, donne donc son propre temps, comme leur mesure ou leur rythme, aux grands cycles de l'univers, au temps sidéral même. Et ce sont les diverses âmes qui organisent à leur tour le mouvement des autres cercles cosmiques, des planètes et de la lune. Et il en va de même pour l'âme subjective individuelle, justement individualisée dans sa liaison avec un corps individuel : elle temporalise sa vie, ses représentations, ses aspirations et déroule sa durée selon son arithmétique et sa musique propres. En quoi, ce temps, vécu et ressenti, thème d'une mesure subjective, est bel et bien, comme le montrera Plotin et comme le redira plus tard saint Augustin, *distensio animi*, une certaine extension, ou un intervalle, d'âme[10]. L'âme est le tissu du temps.

On peut, dès maintenant, considérer que plusieurs choses sont claires :

1) Le temps n'est pas une forme ou une mesure formelle. Il est inscrit dans les choses comme ce qu'on pourrait appeler leur *période*, autre façon de parler de son caractère cyclique. Précisons que cela n'a pas grand-chose à voir avec l'éternel retour : le temps est celui du bœuf, du soleil, ou de tel ou tel vivant, il assigne sa durée et son rythme à chaque chose selon une progression rationnelle descendante à partir de l'âme du monde elle-même.

9. *De la création de l'âme dans le* Timée, 1015 e.
10. *Ennéades*, III, 7, et *Confessions*, Livre XI.

2) Le temps apporte au devenir un accomplissement véritable. Il installe l'ordre au cœur du chaos et en cela il est bien comme la fabrique du monde visible, ou, comme on dira, il est condition d'apparition de ce qui est sensible.

3) En quoi on peut juger, en ce platonisme descendant (le philosophe ne redescend-il pas dans la caverne pour libérer ses compagnons ?), qu'il a une fonction sotériologique : il apporte à l'univers sensible quelque chose qui est bel et bien de l'ordre du salut, en lui permettant de participer de l'Un et de l'être, selon le temps.

Et il n'est pas inutile encore d'observer, à ce propos, que ces cycles, dans la mythologie platonicienne, ne sont pas le moins du monde associés à on ne sait quel catastrophisme. À la différence de ce qui a lieu, par exemple, dans la cosmogonie stoïcienne, tout se passe en douceur, à la manière de l'arrivée de l'automne ou du retour du printemps. Nous devons cette fine observation à Calcidius, qui écrit dans son commentaire du *Timée* :

> Il ne faut pas croire que ce mouvement et cette configuration apportent au monde ruine et destruction, mais bien au contraire une renaissance et pour ainsi dire une toute nouvelle jeunesse, placées sous les auspices d'un mouvement nouveau ; peut-être dans certaines régions de la Terre pourra-t-il se produire quelque dégât à la suite du renouvellement. Voilà tout ce que Platon a exposé sur la constitution du monde sensible[11].

Ajoutons enfin que, pour toutes ces raisons, le temps n'est pas seulement la solution d'un problème, il définit à coup sûr une manière d'exister.

Le temps chrétien ne peut être que linéaire

S'agissant de l'apparition d'une dimension de salut, on ne peut manquer d'observer que le christianisme fait apparaître une telle demande, explicitement. Mais, en son absolu, il saute aussi aux yeux que cette demande ne peut s'inscrire dans les *cercles* de Platon.

Mais il ne suffit pas de rompre et le problème demeure, car le temps doit demeurer salvateur et continuer d'imiter, d'une manière ou d'une autre, l'éternité.

Temps cyclique ou temps linéaire ?

1) La rupture est consommée par saint Augustin, qui organise impitoyablement, sur ce point, une inévitable subversion de la problématique platonicienne.

a) Rappelons d'abord que l'on est en plein platonisme, avec les *Confessions*. Et ce sont en particulier les chapitres XVI à XX du livre XIV, consacrés à l'examen du temps, qui retrouvent, avec la *distensio animi*, une définition qui reconduit, comme on vient de le voir, à l'âme platonicienne, dûment retravaillée par Plotin. L'analyse est aussi claire qu'elle est simple : c'est en réfléchissant ce que nous tiendrons pour l'intentionnalité de la conscience qui mesure le temps, lorsque celle-ci découvre que les trois parties du temps se ramènent toutes au présent, que saint Augustin retrouve et prend en charge

11. Calcidius, *Commentaire au* Timée de *Platon*, édition critique, trad. fr., notes et annexes B. Bakhouche, Paris, Vrin, 2011, p. 355.

la définition platonicienne. Il comprend alors que ce que mesure l'esprit, c'est l'extension même de son âme propre, et que c'est bien cela le temps, cette durée qui, inscrite au fond de l'intériorité, mobilise le flux de la conscience, lui donne sa durée et son rythme, et me désigne aussi moi-même à moi-même.

La *distensio animi* renvoie rigoureusement, au bout du compte, à la périodisation de l'âme du monde, et pour des siècles, c'est le temps qui sera la forme, voire la teneur, de l'intériorité. C'est bien pour cela que je sais parfaitement ce qu'est le temps si on ne me le demande pas, et pour cela que je ne peux le dire si on me le demande : le temps coïncide en effet avec le moi. Là est le cœur de mon être, mais, n'ayant pas d'idée de moi-même, n'étant que ténèbres à moi-même[12], je ne puis rien en dire. Il est aussi difficile, sinon impossible de connaître le temps que de se connaître soi-même. Nous en avons conscience, mais nous n'en avons pas connaissance.

b) Mais le temps platonicien, en sa vocation à la circularité cyclique, ne saurait satisfaire l'exigence chrétienne. L'âme immortelle s'ordonne à une spiritualité qui ne peut s'accommoder de réincarnations successives, voire – pire encore ! – d'indignes transmigrations.

L'âme chrétienne aspire à l'infini, et ne peut s'accomplir hors de cette dimension : le temps du salut doit être rectiligne et infini si l'on veut vraiment prendre en compte « la béatitude des bienheureux ». C'est pourquoi saint Augustin récuse absolument ce qu'il appelle les cycles du paganisme. La béatitude chrétienne requiert un progrès et un itinéraire spirituel infini : il y a toujours du mouvement pour aller plus loin. Le bonheur du sage se contente de la sécurité bien normée de cycles réguliers, mais saint Augustin répugne à ce genre de bonheur, il exige un absolu, en réponse à une demande démesurée.

> Quelle oreille pieuse pourrait entendre dire, sans en être offensée, qu'au sortir d'une vie sujette à tant de misères (si toutefois on peut appeler vie ce qui est véritablement une mort, à ce point que l'amour de cette mort même nous fait redouter la mort qui nous délivre), après tant de misères, dis-je, et tant d'épreuves traversées, enfin, après une vie terminée par les expiations de la vraie religion et de la vraie sagesse, alors que nous serons devenus heureux au sein de Dieu par la contemplation de sa lumière incorporelle et le partage de son immortalité, il nous faudra quitter un jour une gloire si pure, et tomber du faîte de cette éternité, de cette vérité, de cette félicité, dans l'abîme de la mortalité infernale, traverser de nouveau un état où nous perdrons Dieu, où nous haïrons la vérité, où nous chercherons la félicité à travers toutes sortes de crimes ; et pourquoi ces révolutions se reproduisant ainsi sans fin d'époque en époque et ramenant une fausse félicité et une misère réelle[13] ?

Temps et histoire

2) Et pourtant ! on est bien obligé de reconnaître la persistance du paradigme du *Timée*, d'un temps qui, inscrit dans le réel, est l'imitation de

12. Augustin, *Les Confessions*, Livre XI, chap. XIV, 17 : « Qu'est-ce donc que le temps ? Si personne ne m'interroge, je le sais ; si je veux répondre à cette demande, je l'ignore ».
13. *La Cité de Dieu* (Livre XII, chap. 20).

l'éternité, à travers ce qu'on désignera comme *l'exemplarisme* chrétien. Il ne faut pas oublier que, selon ce paradigme, le temps permet encore au devenir d'imiter l'éternité et rend par là possible l'accomplissement et la durée, donc tout simplement l'existence de l'individu concret.

a) Cette fonction demeure plus que jamais active dans le christianisme des premiers chrétiens pour qui le monde même est à l'image de son Créateur. Le temps devient le mouvement même de l'histoire, qui, chargée de sens, porte l'accomplissement et le progrès. En quoi le temps, devenu historique, imite incontestablement l'éternité, est « l'éternité en marche » selon cette formule de Hegel qui ne fait que traduire, ou résumer, le *Timée*.

b) On pourrait suggérer alors que le christianisme, avec saint Augustin, se soit simplement contenté de substituer à la circularité des cycles la route rectiligne et infinie de l'histoire.

Mais ce n'est pas si sûr. L'histoire chrétienne recueille encore quelque chose des cycles du paganisme, si l'on observe qu'en fait elle ne cesse de se répéter ! Si chaque événement est singulier dans une histoire qui n'a lieu qu'une fois, chaque événement est cependant annoncé par un autre dont il se réclame, et en annonce à son tour un autre. Une posture mémorielle ne cesse de répondre à une dimension prophétique. L'exemplarisme développe et ne cesse de vérifier l'idée selon laquelle la création est à l'image de Dieu.

Notons aussi, pour boucler ce tableau, qu'il est arrivé que la référence au *Timée* soit explicite ! Évoquons cet étonnant retour en arrière qui rend visible l'apparition de l'ordre du monde sur la scène étoilée du ciel originaire : dans le croisement des cercles célestes opéré par le démiurge lorsqu'il fabriquait l'âme du monde, ne pourrait-on reconnaître, dans la beauté de la nuit, accompagnant les constellations zodiacales, éclatant dans le χ de lumière, le *chiasme* formant le signe même de la croix[14]. Comme si la réconciliation de l'éternel et du temporel, comme si le salut voulu par le démiurge et par le dieu chrétien ne faisaient qu'un.

Nous devons ce rapprochement extraordinaire à l'imagination visionnaire de Justin de Naplouse[15], selon qui Platon se serait même inspiré de Moïse :

> L'explication d'après les Principes naturels donnée par Platon dans le *Timée* à propos du fils de Dieu, lorsqu'il dit : « Il l'a imprimé en χ dans l'univers », c'est pareillement de Moïse qu'il l'a reçue.
>
> Il est rapporté, en effet, dans les écrits de Moïse[16], qu'à l'époque où les enfants d'Israël sortirent d'Égypte et demeurèrent au désert, des bêtes venimeuses, vipères, aspics, serpents de toute espèce, les assaillirent, qui décimaient le peuple. Sous l'inspiration et la motion de Dieu, Moïse prit de l'airain et en fit une figure en forme de croix, qu'il dressa sur le saint tabernacle, et il dit au peuple : « si vous regardez cette figure et si vous croyez en lui vous serez sauvés », Il écrit qu'à la suite de cela les serpents moururent et c'est ainsi, rapporte-t-il, que le peuple échappa à la mort. Platon lut ce récit, mais il n'en

14. Et de nombreux auteurs se chargeront de rappeler que *croix*, en grec (*stauros*), est proche de *limite* (*horos*) : or la limite est ce qui, dans le mélange de l'Un et de l'Infini permet une association stable, comme le rappelle Platon dans le *Philèbe*.

15. *Apologie*, I, 60.

16. *Nombres*, chap. XXI. C'est l'invention du *caducée*.

saisit pas exactement le sens : n'ayant pas compris que la figure était celle d'une croix (dressée), mais ayant compris qu'il s'agissait d'une disposition en χ dans l'univers.

Mais ce n'est qu'un début. On pourrait citer une foule d'événements qui, dans le cours de cette histoire, annoncent et remémorent, reconduisant et retravaillant ainsi en sous-œuvre la figure des cycles. C'est là une occasion de vérifier, ou au moins de ne pas écarter l'hypothèse, l'idée selon laquelle ce temps devenu histoire, en ce genre de répétition, imite aussi l'éternité. Citons, dans le désordre, l'exemple du bois qui se rattache à la fois à l'arbre du paradis terrestre, au bûcher d'Isaac, aux rameaux, à la crucifixion, etc. ; l'exemple d'Adam et de Noé (le fruit défendu, la nudité…) ; celui de Josué et de Jésus ; la manne et le pain, etc.

Tout cela est minutieusement explicité et théorisé avec précision notamment par saint Irénée (dans la théorie de la « récapitulation »[17]) et par Tertullien[18]. Nous avons affaire à la théorie des *Types* ou des *Figures*, remarquablement exposée par Erich Auerbach[19].

Encore un mot : bien sûr, on ne nous pardonnerait pas, sur ce point, de passer sous silence l'impitoyable critique de Nietzsche, dans *Aurore*[20].

Le temps, sans l'éternité…

Aussi estimable que soit la représentation d'une dimension sotériologique du temps ou de l'histoire, ou, à tout le moins, l'idée d'une certaine ressemblance – salvatrice – du temps et de l'éternité, nous ne pouvons éviter de poser la question dérangeante : et si le monde du devenir, le monde sensible, décidément chaotique, ne bénéficiait d'aucun salut ? Bref, si le temps était dépourvu de toute capacité à imiter l'éternité ? donc du même coup, de toute capacité à assurer le salut de la création ?

Cette hypothèse, pour autant qu'elle puisse bénéficier de quelque crédit, tend à faire se libérer « un mélange d'ontologie et de drame », elle relève de ce qu'on pourrait appeler une mythologie sérieuse. Car il ne s'agit pas de disjoindre purement et simplement le temps de l'éternité, ce qui reviendrait seulement à le neutraliser, à n'y voir en quelque sorte que l'ordre des existences successives, autrement dit une pure mesure extrinsèque, ou une abstraction,

17. *Contre les Hérésies*, Livres III, IV et V.

18. *Contre Marcion*, III, 16 : « *Hanc [Josué/Jésus] dicimus figuram futuri fuisse* ».

19. Voir *Figura*, trad. fr. D. Meur, Paris, Éditions Macula, 2017.

20. *Aurore*, § 84 : « Mais, en fin de compte, que peut-on attendre des effets d'une religion qui, pendant les siècles de sa fondation, a exécuté cette extraordinaire farce philologique autour de l'Ancien Testament ? Je veux dire la tentative d'enlever l'Ancien Testament aux juifs avec l'affirmation qu'il ne contenait que des doctrines chrétiennes et qu'il ne devait *appartenir* qu'aux chrétiens, le *véritable* peuple d'Israël, tandis que les juifs n'avaient fait que se l'arroger. Il y eut alors une rage d'interprétation et de substitution qui ne pouvait certainement pas s'allier à la bonne conscience ; quelles que fussent les protestations des juifs, partout, dans l'Ancien Testament, il devait être question du Christ, et rien que du Christ, partout notamment de sa croix, et tous les passages où il était question de bois, de verge, d'échelle, de rameau, d'arbre, de roseau, de bâton ne pouvaient être que des prophéties relatives aux bois de la croix : même l'érection de la licorne et du serpent d'airain, Moïse lui-même avec les bras étendus pour la prière, et les lances où rôtissait l'agneau pascal, – tout cela n'était que des allusions et, en quelque sorte, des préludes de la croix ! Ceux qui prétendaient ces choses, les ont-ils jamais *crues ?* L'Église n'a même pas reculé devant des interpolations dans le texte de la version des Septantes (par exemple au psaume 96, verset 10), pour donner après coup au passage frauduleusement introduit le sens d'une prophétie chrétienne. », trad. fr. H. Albert, Paris, Mercure de France, 1901.

comme les Épicuriens qui le tiennent pour un « accident d'accident », ou comme les stoïciens qui le réduisent au présent. Non ! Nous avons en vue, ou nous pressentons en fait, une problématique où le temps, loin d'être disjoint de l'éternité, lui serait en fait articulé sur un mode déficient. Autrement dit une problématique où le temps, au lieu d'imiter l'éternité, serait intérieurement travaillé, ou creusé, par son manque, et où le monde, séparé des *intelligibilia* qui pourraient le soutenir, se trouverait renvoyé au chaos, à peine en serait-il sorti.

Ce pressentiment est le reflet d'un esprit, ou, si l'on préfère d'une époque singulière. Cet esprit, c'est celui de l'Antiquité tardive, et il porte quelquefois un nom propre. On parle de Gnose[21]. Un phénomène qui ressemble à une religion, avec des mythes désespérants et dramatiques, un phénomène unanimement récusé par les religions « honorables ». Toutes ces histoires mettent en cause la fiabilité du monde et peuvent se regrouper sous l'étiquette de l'acosmisme. À chaque fois, on a affaire à une radicale perte de confiance liée à une exténuation du temps, vidé de son sens imitatif et réduit à lui-même, c'est-à-dire vidé de tout sens, et réduit au vide. Il n'y aurait pas eu de création, ou celle-ci serait ratée ; l'intelligible, dieu inconnu, subsistant peut-être séparément[22], n'aurait jamais pu s'inscrire dans le sensible et ne s'y retrouverait pas, pas plus que l'homme qui pense ne peut se sentir chez lui dans un monde brutal, aveugle et muet. Toutes ces descriptions, toutes ces expériences remettent directement en cause le *Timée*. Et il ne faut pas sous-estimer, dans la montée de ce désespoir, la responsabilité du christianisme des premiers temps. Si briser les cycles est un geste libérateur, c'est aussi faire du devenir un mouvement unique et linéaire, donc terrestre, quoiqu'assorti d'une *promesse* d'éternité, mais de ce fait accessible aussi à l'angoisse. L'histoire du salut ne se joue qu'en une fois, sans seconde chance, le temps chrétien est aussi le temps de l'irrémédiable.

Dans l'esprit de la *Gnose*, le temps est donc l'image ratée de l'éternité.

Il faut risquer ici l'hypothèse selon laquelle le Démiurge serait un incapable. Avant de vérifier qu'il en résulterait un monde mal fait, on observera avant tout, au principe, qu'il en résulterait une temporalité aberrante, comme le rapportent saint Irénée[23] et Hippolyte de Rome, qui écrit, à propos d'une secte gnostique :

> Les Marcosiens disent encore que le Démiurge voulut imiter la nature infinie, éternelle, étrangère à toute limite et à tout temps, de l'Ogdoade supérieure[24], mais qu'il ne put reproduire sa stabilité et sa perpétuité, parce qu'il était lui-même le fruit d'un défaut. Aussi, pour se rapprocher de l'éternité de l'Ogdoade, fit-il des temps, des moments, des séries d'innombrables années, s'imaginant imiter, par cette accumulation des temps, l'infinité de celle-ci. Alors, disent les Marcosiens, la vérité l'abandonna et le mensonge devint son

21. *Cf.* la thèse de Hans Jonas, *La Gnose et l'esprit de l'Antiquité tardive*.
22. Voir le livre de Simone Pétrement, *Le Dieu séparé : les origines du gnosticisme*, Paris, Le Cerf, 1984.
23. Voir ce qu'il écrit sur les Valentiniens. Cf. *Contre les Hérésies*, I, 17.
24. Par cette expression, on désigne la huitième sphère céleste.

compagnon. C'est pourquoi, quand les temps seront accomplis, son œuvre prendra fin[25].

Inutile de dire qu'aucun salut ne peut être ici espéré ou attendu. L'image a désormais le sens faible d'une *contrefaçon* qui renverse entièrement le modèle, et non plus le sens fort d'une ressemblance.

Ajoutons que cette problématique inaugure une association qui aura un long avenir, celle du *temps* et de *l'inquiétude*, mobilité qui n'imite plus aucune éternité. Sur ce point, il est éclairant de se rapprocher de la *Phénoménologie de l'Esprit* de Hegel[26]. D'une part, une définition se tire du fait que la manifestation se fait dans le temps : « être-là du concept qui se présente à la conscience comme une intuition vide » ; d'autre part il apparaît que si le temps est bien le temps de l'histoire (qui accomplit quelque chose), en l'absence d'un sens présent et donné de l'histoire, ce qu'on attend du temps n'est donné que comme intuition vide, ce qui ouvre en effet son champ à l'inquiétude.

Nous sommes donc, avec le temps de la Gnose, dans un monde où il n'y a ni imitation, ni ressemblance, mais où il y a néanmoins – pour son malheur, hélas ! – devenir. Il y a assurément *séparation* puisqu'il y a mouvement, mais aucun modèle. Ce temps, au lieu d'unifier l'être en devenir, le sépare et le fait éclater. Ce temps – vide – se trouve être extérieur aux choses, ce qui veut dire que les choses sont abandonnées, dans un monde qui ne ressemble plus à rien. Avec un créateur stupide, et, faute de temps, les choses sont condamnées à l'inachèvement, comme on le voit dans ce qui advient de la nature et à travers le rapport qu'elle a, ou plutôt n'a pas, avec l'homme.

Hans Jonas commente Pascal à ce propos, et l'image du roseau pensant : la nature ne pense pas ; l'homme qui pense vit donc une séparation absolue, il ne saurait se sentir à sa place dans la nature, et cette situation est à l'origine d'une angoisse profonde, exactement existentielle.

Tout cela dans la Gnose se déploie en fait comme un anticosmisme que les textes expriment dans des sentiments ou des représentations singulières, traductions de cette temporalité déficiente : « Abîme, silence, trouble, angoisse » répètent les textes gnostiques[27]. Citons encore Hippolyte de Rome :

> Le point de départ [de tout cela est] la crainte. C'est, dit Valentin, ce que proclame l'Écriture : « Le principe de la sagesse (Sophia), c'est la crainte du Seigneur » (Ps. CXI (110), 10 ; Prov. I, 7). C'est par là en effet que commencèrent les passions de Sophia : elle éprouva (d'abord) de la crainte, puis de la tristesse, ensuite de l'anxiété, et ainsi elle eut recours à la prière et aux supplications.
> [...] Le Démiurge, disent les Valentiniens, ne sait absolument rien ; il est, d'après eux, dépourvu d'intelligence et stupide ; il ne sait pas ce qu'il fait ou produit. Comme il ne sait pas ce qu'il crée, Sophia l'a aidé en toutes choses en l'inspirant et en lui donnant de la force ; n'agissant que sous l'inspiration de Sophia, il s'imaginait néanmoins opérer de lui-même la création du monde ;

25. *Philosophumena*, Livre VI, 55.
26. Voir la traduction de B. Bourgeois, Paris, Vrin, 2018, p. 119 et p. 884.
27. Voir les *Extraits de Théodote* dans Clément d'Alexandrie.

voilà pourquoi il se mit à dire : « C'est moi qui suis Dieu, et en dehors de moi il n'y en a pas d'autre ».

Dans ce contexte de séparation, le temps prend donc la signification nouvelle de produire de l'angoisse, parce qu'il est disjoint et de l'éternité, et de la fabrique du monde, il acquiert la dimension d'une quête absolument vide, voire dangereuse.

***

Si l'on suit Hans Jonas, un dieu ou un créateur incapable de créer d'après un vrai modèle se risque à explorer le vide s'il entreprend malgré tout de créer. Dans *Le concept de Dieu après Auschwitz*, Jonas évoque ainsi un dieu qui entreprendrait la création du monde comme une « imprévisible expérience temporelle ». Tout ce qu'on peut dire alors, c'est « on va voir ! ». On a vu. Le nihilisme n'est pas loin, conséquence d'un temps qui se déroule hors de tout modèle et de toute mesure.

Au fond, il semble bien que l'Antiquité tardive, avec les mouvements dits « gnostiques », renvoie à ce qu'on appelle un *existential.* Jonas déchiffre sans doute ce monde en trouvant appui dans la pensée d'Heidegger. Certes. Mais, au-delà d'une inutile interprétation de l'un par l'autre, ou inversement, ce qui est véritablement instructif, et doublement, c'est la possibilité offerte de comprendre l'Antiquité *à partir* de notre modernité, et réciproquement. Lisons, avant de proposer une conclusion, ce qu'écrit Hans Jonas :

> c'est « L'éternité, non le temps, qui accorde un présent et lui donne un statut qui lui est propre dans le flux du temps; et c'est la perte de l'éternité qui rend compte de la perte d'un présent véritable. Une telle perte d'éternité est la disparition du monde des idées et des idéaux dans laquelle Heidegger voit la véritable signification du “Dieu est mort” de Nietzsche : en d'autres termes, la victoire absolue du nominalisme sur le réalisme. Par conséquent, la même cause qui se trouve à la racine du nihilisme est aussi à la racine de la temporalité radicale de la vision heideggérienne de l'existence, vision dans laquelle le présent n'est rien que l'instant de crise entre le passé et l'avenir. Si les valeurs ne sont pas tenues en vue en tant qu'être (comme le Bien et le Beau de Platon), mais posées par la volonté comme des projets, alors en effet l'existence est condamnée à avoir constamment le caractère de l'avenir, avec la mort comme but; et une résolution simplement formelle à être, sans *nomos* pour cette résolution, devient un projet du Néant depuis le Néant. Dans les termes de Nietzsche cités auparavant : “Qui a perdu ce que tu as perdu ne peut s'arrêter nulle part” »[28].

***

On est évidemment en droit de s'interroger sur une aussi déficiente conclusion. Et c'est bien, au fond, notre propos. Car notre thèse fondamentale, pour autant que nous en ayons une, c'est bien que le temps est indis-

28. Hans Jonas, *Le phénomène de la vie,* (Essai IX, « Gnose, existentialisme et nihilisme »), Wesmael, De Boeck, 1963, p. 236.

sociable de l'éternité. Notre conclusion, en ce sens, est claire, aussi négative soit-elle : voilà ce qui arrive si le temps ne réussit pas à se rattacher d'une manière ou d'une autre à l'éternité. Ce qui donne raison à Platon.

Reste à dire ce que nous n'avons pas dit, ou à demander ce que nous n'avons pas demandé. Qu'y a-t-il à tirer de la comparution d'une religion invraisemblable, assortie de mythes absurdes, surgie de manuscrits incertains, écrits en des langues perdues, et qui plus est examinée et recomprise par un philosophe, Hans Jonas, à la lumière de quelques chapitres d'une des œuvres les plus déconcertantes d'un autre philosophe du XXe siècle, *Sein und Zeit*? – Tout, croyons-nous.

Presque évidemment, nous ne reviendrons pas sur l'absurdité qu'il y aurait à tenter d'expliquer la gnose par Heidegger, ou ce dernier par la Gnose. Mais nous sommes dans un cas où la philosophie nous apprend quelque chose, nous aide à voir ce qui est. Ce qui est, c'est que le phénomène gnostique, en l'extravagance même de ses productions, fait émerger des thèmes d'une acuité si tranchante qu'il fallait bien cette extravagance extérieure, toute cette mythologie, pour triompher d'une censure peu résistible.

Si le démiurge platonicien transgressait l'interdit de réaliser le rationnel dans le réel sensible, du moins le temps, imitant l'éternité, conjurait-il la séparation. Avec la Gnose, extraordinairement, dans ces manuscrits illisibles sortis de la jarre de Nag Hammadi, c'est la transgression inverse qui était accomplie, la fin de tout exemplarisme. C'est là le constat, assez peu mythologique en fait, de la scission qui sépare le monde réel de l'idée d'un monde en ordre. Et on peut laisser faire le temps : il n'arrangera jamais rien.

Hegel, hanté par une invincible nostalgie de l'hellénisme, avait en sa jeunesse reconnu cette scission et l'avait identifiée comme la base du besoin de philosophie[29]. Pouvons-nous attendre de la philosophie que, conformément à son essence, elle réconcilie le réel avec lui-même?

— Je ne sais. Mais il faudra sans doute toujours compter avec la Gnose, avec cette expérience, à nous léguée par l'Antiquité tardive, de la non-fiabilité du monde, et de la déficience du temps à surmonter la scission fondamentale par laquelle l'être créé est un être séparé.

Jean-Louis Poirier
Professeur de philosophie

29. Voir G. W. F. Hegel, *Différence des systèmes philosophiques de Fichte et de Schelling, Foi et savoir*, trad. fr., introduction et notes M. Méry, Paris, Ophrys, 1964.

Pour aller plus loin

Auerbach (Erich), *Figura*, trad. fr. D. Meur, Paris, Macula, 2017.

Augustin (saint), *Confessions*, Livre XI.

—, *La cité de dieu*, Livre XII

Irénée (saint), *Contre les Hérésies*, Livre I, tome II, texte et traduction A. Rousseau et L. Doutreleau, Paris, Le Cerf, 1979.

Calcidius, *Commentaire sur le* Timée *de Platon*, édition critique, trad. fr., notes et annexes B. Bakhouche, Paris, Vrin, 2011.

Écrits Gnostiques, La Bibliothèque de Nag Hammadi, Bibliothèque de la Pléiade, Paris, Gallimard, 2007.

Hippolyte de Rome, *Philosophumena ou Réfutation de toutes les hérésies*, trad. fr., introduction et notes A. Siouville, Paris, Rieder, 1928.

Jonas (Hans), *La Gnose et l'esprit de l'Antiquité tardive*, trad. fr. et présentation N. Frogneux, Paris, Mimésis, 2017.

—, *La Religion gnostique*, trad. fr. L. Evrard, Paris, Flammarion, 1978.

—, *Le phénomène de la vie : vers une biologie philosophique*, Wesmael, De Boeck, 1963.

Justin (saint), *Apologie pour les chrétiens*, trad. fr. C. Munier, Paris, Le Cerf, 2006.

Pétrement (Simone), *Le Dieu séparé : les origines du gnosticisme*, Paris, Le Cerf, 1984.

Puech (Henri-Charles), *En quête de la Gnose*, Paris, Gallimard, 1978.

Proclus, *Commentaire sur le Timée*, 5 vols., trad. fr. et notes A. J. Festugière, Paris, Vrin, 1967-1998.

Tertullien, *Contre Marcion*, dans *Œuvres complètes*, Paris, Les Belles Lettres, 2017.

L'HÉRÉDITÉ BIOLOGIQUE, ENTRE MÉTAPHORE ET THÉORIE

Gaëlle Pontarotti

Dans cet article, j'interroge les différents rôles ayant été joués par les métaphores dans les études consacrées à l'hérédité biologique. Je soutiens plus précisément que ces rôles ont eu une incidence significative sur le statut épistémologique d'un concept clé des sciences du vivant. À travers un bref parcours historique, je montre que la notion d'hérédité biologique a oscillé, depuis son introduction en médecine et en physiologie, entre théorie et métaphore. J'affirme en particulier que les récentes études sur l'hérédité dite étendue mobilisent des métaphores non assumées et ramènent ainsi subtilement l'hérédité biologique dans le champ des concepts métaphoriques[1].

Procédé rhétorique consistant à désigner une chose par le nom d'une autre en vertu d'une analogie sous-jacente, la métaphore est fréquemment mobilisée dans le discours scientifique. Si elle y joue souvent un rôle didactique et permet de faciliter la compréhension d'un phénomène[2], elle peut également revêtir une valeur heuristique et poïétique pour celui qui interroge la nature[3]. Dans ce cas, la métaphore trouve sa place « à l'intérieur même des démarches discursives à finalité abstraite »[4]. À l'œuvre dans la genèse des contenus de pensée et dans le développement des programmes de recherche, elle assure une fonction épistémologique similaire au modèle[5]. Pour autant, la métaphore peut aussi être considérée comme un facteur de confusion contraire à la rigueur scientifique. Dans le sillage d'une tradition qui entend se départir des termes ambigus pour ne manipuler que des idées claires et distinctes[6],

1. L'auteur remercie vivement Francesca Merlin, Philippe Huneman, Michel Morange et le comité de rédaction des *Cahiers philosophiques* pour leurs précieux commentaires.

2. Aristote, *Rhétorique*, 1404a et J. Molino, « Métaphores, modèles et analogies dans les sciences », *Langages* 12 (54), 1979, p. 83-102.

3. Aristote, *Rhétorique*, 14010b ; J. Molino, « Métaphores, modèles et analogies dans les sciences », *ibid.* ; E. Fox Keller, *Refiguring Life, Metaphors of Twentieth-Century Biology*, New York, Columbia University Press, 1995.

4. J.-J. Wunenburger, « Métaphore, poïétique et pensée scientifique », *Revue européenne des sciences sociales*, t. XXXVIII (117), 2000, p. 35-47, ici p. 39.

5. M. Black, *Models and Metaphors, Studies in Language and Philosophy*, Ithaca, Cornell University Press, 1962.

6. R. Descartes, *Principes de la philosophie, Première partie. Lettre Préface* [1644], trad. fr. Abbé Picot, Paris, Vrin, 2009 ; T. Hobbes, *Léviathan* [1651], trad. fr. P. Folliot, Chicoutimi, version numérique : http : //www.catallaxia.free.fr/Hobbes%20-%20leviathan.pdf, 2002.

Bachelard[7] envisage ainsi le pittoresque comme le premier des obstacles épistémologiques. Selon la posture qu'il incarne, l'histoire des sciences va « des pièges du vécu, du langage quotidien qui véhicule images et confusions à la pureté d'une langue qui correspond sans ambiguïté à des contenus bien définis »[8]. L'écueil de la confusion semble toutefois relatif à un usage particulier – nommons-le théorique – où la métaphore se substitue au concept scientifique. Se profile alors le risque, identifié par Richard Lewontin[9], de « confondre la métaphore avec la chose qui nous intéresse vraiment » et de perdre « les aspects du système qui ne correspondent pas à l'approximation métaphorique ». Ainsi, tandis que les métaphores à valeur didactique et heuristique jouent un rôle fécond dans le développement scientifique, celles qui revendiquent une valeur théorique paraissent de nature à obscurcir le propos des spécialistes.

Dans cet essai, je questionne les différents rôles joués par les métaphores dans les études consacrées à l'hérédité biologique, sachant que ces dernières ont été dès l'origine marquées par la présence de nombreuses analogies[10]. Je défends plus précisément la thèse selon laquelle ces rôles – didactique, heuristique, théorique – ont eu une incidence significative sur le statut épistémologique d'un concept central dans les sciences du vivant – à savoir l'hérédité – en lui conférant, selon les époques, une dimension plus ou moins scientifique et un sens plus ou moins précis. Après avoir rappelé l'origine métaphorique de l'adjectif « héréditaire » employé de longue date en médecine, j'analyse le rôle des métaphores et leur incidence sur la dimension scientifique du concept d'hérédité biologique au moment où se dessine un premier espace théorique pour penser la transmission des caractères au XIXe siècle, puis lors de l'émergence, au XXe, de la génétique. Enfin, je soutiens qu'à l'heure où la littérature suggère que la transmission des traits implique davantage que la réplication de portions d'ADN, l'intrusion dans le discours d'images qui ne disent pas leur nom, autrement dit de métaphores dissimulées, pourrait induire une convergence discrète entre scientifique et pittoresque, et ramener ainsi subtilement l'hérédité dans le champ de la métaphore. L'objectif principal de cet essai n'est pas d'évaluer la pertinence des métaphores dans la sphère scientifique mais de souligner, à travers l'exemple précis de l'hérédité, que les différents usages pouvant être faits de ces dernières ne sont pas sans conséquences sur la dimension théorique des discours échafaudés dans certains champs du savoir.

L'héréditaire dans les sciences du vivant : un concept métaphorique

Pour un contemporain, la métaphore de l'hérédité est presque imperceptible[11]. Pourtant, le terme « hérédité » a relevé du langage courant avant de devenir

7. G. Bachelard, *La formation de l'esprit scientifique* [1938]. Paris, Vrin, 2004.
8. J. Molino, « Métaphores, modèles et analogies dans les sciences », art. cit., p. 84.
9. R. C. Lewontin, *The Triple Helix. Gene, Organism and Environment*, Cambridge (Mass.), Harvard University Press, 2001, p. 4.
10. J. Gayon, « Animalité et végétalité dans les représentations de l'hérédité » *Revue de Synthèse* 4 (3), 1992, p. 49-61.
11. M. Mameli, « The inheritance of features », *Biology & Philosophy* 20 (2), 2005, p. 365-399.

un concept central de la biologie. Si ce dernier évoque d'abord aujourd'hui la transmission des caractères par l'intermédiaire du matériel génétique, les biologistes ont en réalité initialement mobilisé un terme familier pour désigner un phénomène qui leur en rappelait un autre, à savoir la transmission de biens matériels et immatériels.

> La biologie a évidemment emprunté les termes « heredity » et « inheritance » au langage usuel, dans lequel la signification de ces mots est la « transmission » d'argent ou de choses, de droits ou de devoirs – voire d'idées et de connaissances – d'une personne à une ou plusieurs autres[12].

Selon les historiens, l'adjectif « héréditaire » est utilisé dès l'Antiquité de façon vague pour qualifier les maladies qui caractérisent certaines familles (morbi haereditarii)[13]. Cependant, il n'est véritablement intégré dans le discours scientifique qu'à partir du Moyen Âge. Les médecins empruntent alors le qualificatif au vocabulaire de la succession[14] pour distinguer les pathologies qui se transmettent « comme des biens qui passent des parents aux enfants »[15]. À cette époque, l'hérédité (hereditas) renvoie à la transmission des charges, des pouvoirs, des fonctions et des métiers, et c'est dans un sens strictement métaphorique que certaines maladies sont dites héréditaires[16]. La métaphore juridique revêt cependant une valeur technique cruciale dès lors qu'elle invite à concevoir « un système qui répond à des règles spécifiques [...] et permet également de mieux distinguer l'héréditaire du congénital »[17]. Outre qu'elle aide à la compréhension d'un phénomène qui présente des analogies avec un autre, elle offre ainsi un prisme singulier pour l'appréhender. Elle possède, de ce point de vue, une véritable valeur heuristique.

Dans ce contexte durable où les sciences de la vie mobilisent un concept issu du vocabulaire de la succession, un médecin comme Jean Fernel peut écrire qu'un fils hérite aussi bien des infirmités de son père que de sa terre[18]. Les traits physiques, physiologiques et psychologiques se présentent comme les parties d'un héritage plus vaste, comme des biens, parmi d'autres, transmis des parents aux enfants. Cependant, on n'hérite des traits de ses parents qu'en un sens figuré. Ainsi, une célèbre encyclopédie britannique publiée en 1738 – la Chamber's Cyclopedia – définit l'adjectif héréditaire dans son

12. W. Johannsen, « The Genotype Conception of Heredity », *The American Naturalist* 45 (531), 1911, p. 129-159, ici p. 129.

13. C. López-Beltrán, « From Metaphor to Cause, A reification Story », *Studies in History and Philosophy of Science part A* 25 (2), 1994, p. 211-253, ici p. 212 ; S. Müller-Wille, H.J. Rheinberger, « Heredity – The Formation of an Epistemic Space », *in* S. Müller-Wille, H.J. Rheinberger (eds.), *Heredity Produced, At the Crossroads of Biology, Politics and Culture, 1500-1870*, Cambridge (Mass.), The MIT Press, 2007, p. 3-34, ici p. 5.

14. La métaphore juridique se serait imposée suite à la traduction de textes médicaux arabes (C. López-Beltrán, « The Medical Origins of Heredity », *in* S. Müller-Wille, H.J. Rheinberger (eds.), *Heredity Produced*, *op. cit.*, p. 105-132 ; M. van der Lugt, C. de Miramon, « Penser l'hérédité au Moyen Âge : une introduction », dans M. van der Lugt et C. de Miramon (éd.), *L'hérédité entre Moyen Âge et Époque moderne. Perspectives historiques*, Florence, Sismel, 2008, p. 3-37.

15. M. van der Lugt, C. de Miramon, « Penser l'hérédité au Moyen Âge : une introduction », dans M. van der Lugt, C. de Miramon (éd.), *L'hérédité entre Moyen Âge et Époque moderne. Perspectives historiques*, *op. cit.*, p. 3-37.

16. *Ibid.*

17. *Ibid.*

18. Fernel (Medicina [1554]) est cité par C. López-Beltrán, « The Medical Origins of Heredity », *in* S. Müller-Wille, H.J. Rheinberger (eds.), *Heredity Produced, op. cit.*, p. 105.

sens légal – ce qui appartient à une famille par droits de succession – avant d'indiquer qu'il peut être employé de façon figurée pour faire référence aux qualités transmises du père au fils[19]. En France, l'hérédité désigne avant tout la transmission « des charges et honneurs », et plus généralement de « privilèges », jusqu'à la fin du XVIIIe siècle[20].

Cela ne signifie pas que les phénomènes qui relèvent de l'hérédité ne sont pas remarqués depuis longtemps. Les ressemblances entre parents et enfants, les combinaisons de caractères lors des hybridations (ou croisements) et la récurrence de certaines maladies dans les familles sont bel et bien observées depuis l'Antiquité[21]. Elles sont néanmoins considérées comme relevant du fait plus général de la génération, c'est-à-dire de la formation d'un être vivant par deux autres lui étant semblables. Or la génération n'est pas la transmission héréditaire : c'est un événement singulier causé par un ensemble composite et unique de facteurs tels que les semences parentales, la configuration des astres, la qualité de l'air ou encore la lactation[22]. Dans ce contexte, le lignage importe peu, et le retour des caractéristiques parentales apparaît comme un phénomène secondaire dont la contingence contraste avec la régularité de la transmission des traits de l'espèce[23]. Si les humains engendrent systématiquement des humains, les petits ne ressemblent en effet pas nécessairement à leurs parents.

Vers un premier espace théorique pour penser l'hérédité biologique : un autre rôle pour la métaphore

Ce n'est qu'au XIXe siècle que se construit un premier espace théorique pour penser l'hérédité biologique et que le concept, initialement métaphorique, acquiert une véritable épaisseur scientifique. Le mouvement s'amorce dans la première moitié du siècle avec les travaux conduits par des médecins français, au premier rang desquels figure Prosper Lucas, auteur d'un célèbre traité sur l'hérédité naturelle (1847-1850). Évoquant le problème de « l'hérédité » dans les maladies, ces médecins opèrent une substantivation de l'adjectif héréditaire. Selon Carlos López-Beltrán[24], cette dernière signale la transition de la métaphore vers la théorie. Désormais, le concept d'hérédité biologique ne relève plus d'une simple analogie dont l'usage est limité au domaine médical mais il désigne un phénomène particulier qu'il convient d'étudier en tant que tel. Faisant référence à une cause particulière, il revendique par ailleurs une authentique valeur explicative[25].

19. C. López-Beltrán, « From Metaphor to Cause, A reification Story », art. cit., p. 222.
20. J. Gayon, « De la mesure à l'ordre : histoire philosophique du concept d'hérédité », dans M. Porte (éd.), *Passion des formes (hommage à René Thom)*, Fontenay St Cloud, ENS Éditions, 1994, p. 629-645, ici p. 630.
21. C. López-Beltrán, « From Metaphor to Cause, A reification Story », art. cit., p. 214.
22. S. Müller-Wille, H.J. Rheinberger, « Heredity – The Formation of an Epistemic Space », art. cit., p. 5. Voir aussi M. van der Lugt, C. de Miramon, « Penser l'hérédité au Moyen Âge : une introduction », art. cit.
23. *Ibid.*
24. C. López-Beltrán, « From Metaphor to Cause, A Reification Story », art. cit.
25. *Ibid.*, p. 214.

Durant la deuxième moitié du XIXe siècle, d'illustres auteurs tels que Charles Darwin[26] et Francis Galton[27] s'attachent à répertorier l'ensemble des faits attribués à l'hérédité. Ils évoquent la transmission des caractères propres à l'espèce, la transmission des particularités parentales, la variabilité des descendants issus des mêmes parents, ou encore l'atavisme, c'est-à-dire le retour d'un trait après une ou plusieurs générations[28]. En parallèle, des travaux spéculatifs interrogent les mécanismes sous-jacents[29]. Sont alors formulées différentes versions de ce que Galton[30] nomme « hypothèse des unités organiques ». Darwin[31] imagine des « gemmules » expulsées par les différentes parties du corps et migrant tout au long de la vie vers les organes reproducteurs pour constituer les germes héréditaires tandis que Galton[32] envisage un mécanisme de transmission impliquant une « stirpe », à savoir un ensemble de germes indépendants des caractères observés dans les générations successives. August Weismann[33] distingue quant à lui le « germen », transmis d'une génération à l'autre, du soma, le corps. Enfin, Hugo de Vries[34] conçoit des mécanismes impliquant des unités organiques appelées « pangènes ». À l'exception notable de Darwin, tous réfutent la thèse de l'hérédité des caractères acquis.

L'ensemble de ces travaux étoffe le premier espace théorique de l'hérédité biologique. Ils achèvent de promouvoir cette dernière au rang d'objet d'investigation scientifique. Dans ce contexte, l'héréditaire quitte la sphère strictement humaine pour embrasser le monde animal et végétal. Les premiers travaux consacrés à l'hérédité, s'ils s'appuient partiellement sur des exemples

26. C. Darwin, *De la variation des animaux et des plantes sous l'action de la domestication* [1868], t. 2, trad. fr. J.-J. Moulinié, Paris, Reinwald, réédité par Elibron Classics, 2005.

27. F. Galton, « A theory of heredity », *The Journal of the Anthropological Institute of Great Britain and Ireland* 5, 1876, p. 329-348, trad. fr. *Revue Scientifique* 10, 1876, p. 198-205.

28. Les caractéristiques de l'hérédité, ou plus précisément de l'héréditaire, sont déjà questionnées par les médecins français de la fin du XVIIIe siècle (C. López-Beltrán, « From Metaphor to Cause, A reification Story », art. cit., p. 118-119). Cependant, ces derniers s'intéressent exclusivement à la caractérisation des maladies héréditaires, sachant que le concept d'hérédité n'a pas encore acquis son statut théorique au moment où ils s'interrogent. Selon eux, la transmission héréditaire des maladies se signale notamment par l'homochronie et l'atavisme, qui constituent deux formes de latence.

29. J. Gayon, *Darwin et l'après-Darwin : une histoire de l'hypothèse de sélection dans la théorie de l'évolution*, Paris, Kimé, 1992, p. 149 ; J. Gayon, « From Measurement to Organization : a Philosophical Scheme for the History of the Concept of Heredity », *in* P. Beurton, R. Falk, H. J Rheinberger (eds.), *The Concept of the Gene in Development and Evolution : Historical and Epistemological Perspectives*, Cambridge, Cambridge University Press, 2000, p. 69-90 ; Les hypothèses physiologiques qui décrivent l'hérédité comme un phénomène de transmission de particules matérielles sont à distinguer des approches phénoménales ou statistiques (J. Gayon, « From Measurement to Organization… », art. cit.). Envisageant l'hérédité comme une force qui se mesure à ses effets, ces dernières s'intéressent seulement à la corrélation entre les traits des parents et ceux des descendants. Galton a cependant conjugué les deux approches dans le traité qu'il consacre à l'hérédité naturelle (F. Galton, *Natural Inheritance*, London, Macmillan, 1889). La partie dédiée aux processus de transmission vise à « établir l'importance d'un usage intelligent des lois du hasard et des méthodes statistiques qui sont basées sur elles, à l'heure d'exprimer les conditions sous lesquelles l'hérédité agit » (p. 17). Mentionnons également les approches dynamiques qui contestent l'idée selon laquelle l'hérédité peut être portée par des particules (J. Gayon, « Animalité et végétalité dans les représentations de l'hérédité » *Revue de Synthèse* 4 (3), 1992, p. 49-61).

30. F. Galton, « A theory of heredity », art. cit., p. 198.

31. C. Darwin, *De la variation des animaux et des plantes sous l'action de la domestication*, t. 2, *op. cit.*

32. F. Galton, « A theory of heredity », art. cit.

33. A. Weismann, « De l'hérédité », dans C. Lenay (éd.), *La découverte des lois de l'hérédité (1862-1900) : une anthologie* [1883], Paris, Presse Pocket, 1990, p. 169-212.

34. H. De Vries, « L'hypothèse de la pangenèse intracellulaire » dans C. Lenay (éd.), *La découverte des lois de l'hérédité…*, *op. cit.*

issus du champ de la médecine, sont d'ailleurs nourris d'études conduites dans le domaine de l'agriculture où les éleveurs s'attachent de longue date à reproduire certains caractères chez leurs animaux. Le rôle prépondérant des agriculteurs dans le développement des études sur l'hérédité est souligné par Darwin dans son traité sur la variation[35]. Dès les premières pages de cet ouvrage érudit, le naturaliste indique en effet que « c'est la confiance complète acquise par les éleveurs qu'un animal supérieur ou inférieur reproduira généralement son propre type, qui a donné naissance au dicton que le semblable produit son semblable ».

Le premier espace théorique de l'hérédité biologique ne se construit toutefois pas sans recours aux métaphores. Selon Müller-Wille et Rheinberger[36], c'est une métaphore élaborée par Galton qui permet de distinguer l'hérédité d'autres phénomènes, de définir ses conditions d'observabilité et de circonscrire, in fine, le champ de recherche qui lui sera dédié.

L'hérédité quitte la sphère strictement humaine

> Les cellules et leur contenu sont pour les biologistes qui les regardent au microscope à peu près ce que les sacs de dépêches et les monceaux de lettres qui s'en échappent sont pour les curieux qui les regardent à travers les vitres d'un bureau de poste. Ces curieux peuvent bien tirer de ce qu'ils voient des conclusions exactes au sujet des communications postales en général, mais ils ne peuvent lire un seul mot du contenu des lettres elles-mêmes[37].

Présentant une valeur heuristique, la métaphore postale suggère que les biologistes qui s'intéressent aux phénomènes héréditaires, à l'instar des curieux qui regardent à travers les vitres d'un bureau de poste, n'ont accès qu'aux relations qui existent entre les parties du système de communication qu'ils cherchent à comprendre. Le contenu des cellules, pensé sur le modèle du contenu des lettres, leur est quant à lui inaccessible. À travers ce procédé rhétorique, Galton dessine ce que Müller-Wille et Rheinberger[38] appellent « un espace épistémique », c'est-à-dire « un domaine de recherche à cartographier par des taxonomies et des régularités ». Il faut ici noter que le Britannique[39] affirme plus généralement la nécessité de recourir à des exemples « empruntés à la vie ordinaire » pour comprendre les phénomènes héréditaires. Il ne s'agit pas là selon lui de « vaines métaphores » mais plutôt d'« analogies parfaitement exactes [...] parce qu'elles donnent à nos idées sur l'hérédité la clarté qui est si nécessaire ». De ce point de vue, les métaphores revêtent surtout une valeur didactique; leur utilité scientifique est fondée sur la précision des analogies qui les sous-tendent. Galton entend ainsi représenter, à l'aide d'une image politique, la compétition qui se joue selon lui entre les germes héréditaires lors du développement et qui explique pourquoi les enfants ne ressemblent pas

35. C. Darwin, *De la variation des animaux et des plantes sous l'action de la domestication*, t. 2, *op. cit.*, p. 2.
36. S. Müller-Wille, H. J. Rheinberger, « Heredity – The Formation of an Epistemic Space », art. cit., p. 6-7.
37. F. Galton, « A Theory of Heredity », art. cit., p. 199.
38. S. Müller-Wille, H. J. Rheinberger, « Heredity – The Formation of an Epistemic Space », art. cit., p. 7.
39. F. Galton, « A Theory of Heredity », art. cit., p. 201.

nécessairement à leurs parents. Il compare la « stirpe » à une nation « et les germes qui arrivent à un entier développement aux hommes marquants qui réussissent à devenir les représentants de la nation »[40]. Le Britannique propose en outre une métaphore architecturale pour rendre compte des processus à l'œuvre dans une hérédité qualifiée de « particulaire »[41]. Il explique qu'à l'instar des bâtiments modernes construits à partir de pièces pillées sur des édifices anciens, les individus sont constitués de petites particules venant de leurs ancêtres. Darwin[42] mobilise également des métaphores à des fins didactiques. Il évoque des caractères écrits à l'encre invisible[43] et des graines se trouvant à un état dormant[44] pour rendre compte de la transmission latente de certains traits à travers les générations, et partant, des phénomènes de réversion[45]. Enfin, les métaphores se glissent dans les noms donnés aux unités physiologiques porteuses d'hérédité. Ainsi, la « gemmule » darwinienne, qui renvoie à une forme de bourgeon, et la « stirpe » galtonienne, qui vient du latin *stirpes* (racine), sont clairement empruntées au vocabulaire de la botanique. La stirpe de Galton constitue d'ailleurs l'un des exemples de représentations « végétalisantes » évoqués et commentés par Jean Gayon[46] dans un article particulièrement éclairant sur les analogies qui ont marqué la construction du discours scientifique sur l'hérédité du milieu du XIXᵉ siècle au milieu du XXᵉ[47].

En résumé, de nombreuses métaphores jouant un rôle heuristique et didactique accompagnent l'élaboration d'un discours scientifique sur l'hérédité et facilitent l'exploration d'un phénomène singulier qui s'est longtemps présenté comme relevant d'une force capricieuse[48]. Dans ce contexte, l'hérédité biologique n'apparaît plus comme une notion métaphorique mais comme un concept scientifique en construction, un concept renvoyant à des phénomènes particuliers auxquels certaines images offrent un accès. À première vue, les métaphores développées pendant cette période ne revêtent pas une valeur théorique : elles se présentent simplement comme des auxiliaires précieux dans la construction de l'édifice scientifique, comme des outils utiles pour explorer et comprendre un phénomène par ailleurs décrit et expliqué dans le cadre d'une théorie émergente. Cependant, la dimension métaphorique des termes choisis pour nommer les particules héréditaires – stirpe, gemmules – alimente la confusion entre théorie et métaphore, et semble en cela écorner la dimension scientifique d'un concept qui ne parvient pas à exister sans le support d'images évocatrices empruntées à d'autres domaines. Gayon envisage

40. F. Galton, « A Theory of Heredity », art. cit., p. 201.
41. F. Galton, *Natural Inheritance*, *op. cit.*, p. 8-9.
42. C. Darwin, *De la variation des animaux et des plantes sous l'action de la domestication*, t. 2, *op. cit.*
43. *Ibid.*, p. 64-65.
44. *Ibid.*, p. 431.
45. Galton utilise également la métaphore des graines dormantes pour rendre compte des phénomènes d'atavisme (F. Galton, *Natural Inheritance*, *op. cit.*, p. 11).
46. J. Gayon, « Animalité et végétalité dans les représentations de l'hérédité », art. cit., p. 49-61.
47. Gayon évoque aussi des représentations « animalisantes » et « intellectives ». Il soutient plus généralement que le concept d'hérédité « s'est cherché dans une série de philosophèmes qui rappellent étrangement la trilogie aristotélicienne de l'âme ». J. Gayon, « Animalité et végétalité dans les représentations de l'hérédité », art. cit.
48. C. Darwin, *L'origine des espèces au moyen de la sélection naturelle ou la préservation des races favorisées dans la lutte pour la vie* [1859], Paris, Flammarion, 2008, p. 60 : « Pourquoi, par exemple, une même particularité, apparaissant chez divers individus de la même espèce ou d'espèces différentes, se transmet-elle quelquefois et quelquefois ne se transmet-elle pas par hérédité ? ».

d'ailleurs l'omniprésence de la notion « d'analogie réelle » dans les discours sur l'hérédité comme « un signe caractéristique d'une rationalité qui ne se satisfait pas [...] de concepts définis de manière opératoire »[49]. Contrairement à la force newtonienne, l'hérédité peine durablement, selon son analyse, à s'imposer comme une notion strictement scientifique.

La parenthèse de la génétique ?

Au tournant du xxe siècle, l'émergence de la génétique classique semble mettre un terme à toute collusion entre théorie et métaphore. Elle paraît plus précisément offrir au concept d'hérédité biologique sa première véritable théorie et asseoir ainsi sa dimension scientifique. La redécouverte des lois de Mendel par Hugo de Vries, Carl Correns et Erich von Tschermak en 1900 marque en effet la naissance d'une nouvelle discipline résolument opérationnelle. Associée à des instruments mathématiques précis, celle-ci s'appuie sur une terminologie technique qui s'insère dans des propositions visant à expliquer et prédire une gamme de phénomènes.

Insistant sur la nécessité, pour la science de l'hérédité en construction, de développer une terminologie théorique exacte et de se départir d'un vocabulaire pittoresque associé aux erreurs du passé, Johannsen[50] estampille rapidement le concept de « gène ». Construit à partir du terme pangène imaginé par Hugo de Vries en référence à l'hypothèse darwinienne de la pangenèse[51], le mot désigne une entité théorique dont la présence est inférée à partir de certains effets, une « unité de fonction, qui n'est révélée comme telle que par le phénotype correspondant à une composition génotypique donnée »[52]. En d'autres termes, le « concept théorique fondamental » de la génétique mendélienne est strictement instrumental[53]. Ainsi, tandis que les scientifiques conjecturent que l'hérédité est portée par les chromosomes depuis la fin du XIXe siècle[54], les gènes ne sont pour Johannsen[55] que des unités factorielles présentes dans les gamètes, et dont l'existence est démontrée par les expériences de culture de lignées pures et d'hybridations. Le botaniste propose également les concepts de « génotype » et de « phénotype », le premier renvoyant à la somme des gènes contenus dans un gamète ou un zygote, le second à des types d'organismes observables et mesurables. Sa contribution s'inscrit dans une dynamique plus générale de constitution d'un langage théorique dans lequel des termes opératoires tels qu'homozygote, hétérozygote, dominant ou encore récessif permettent de rendre compte des

49. J. Gayon, « Animalité et végétalité dans les représentations de l'hérédité », art. cit.
50. W. Johannsen, « The Genotype Conception of Heredity », *The American Naturalist* 45 (531), 1911, p. 129-159, ici p. 132.
51. J. Gayon, « La génétique est-elle encore une discipline ? », *Médecine/Sciences* 20 (2), 2004, p. 248-253.
52. *Ibid.*, p. 250.
53. *Ibid.*
54. Pendant les premières décennies du xxe siècle, la nature matérielle du gène n'est pas nécessairement au centre des débats (Johannsen, 1911). L'intérêt mitigé des scientifiques pour la question s'exprime dans le discours que Thomas H. Morgan prononce suite à l'obtention du prix Nobel : « Au niveau où se situent les expériences génétiques, cela ne fait pas la moindre différence que le gène soit une unité hypothétique ou une particule matérielle. Dans les deux cas, l'unité est associée à un chromosome spécifique et peut être localisée par une analyse purement génétique. », T.H. Morgan, « Discours de réception du prix Nobel, 4 juin 1933 », in *Nobel Lectures Physiology and Medicine, 1922-1941*, Amsterdam, Elsevier, 1934, p. 315-316.
55. W. Johannsen, « The Genotype Conception of Heredity », art. cit., p. 132-133.

phénomènes héréditaires, y compris des cas de réversions, sans faire appel à des représentations linguistiques ou botaniques.

L'effort consenti pour épurer la science de l'hérédité de toute image familière est néanmoins de courte durée. Après l'essor de la théorie chromosomique de Thomas H. Morgan dans les années 1920 et 1930, la matérialisation progressive du gène dans les années 1940 et 1950 s'accompagne de l'importation massive, en biologie, de termes issus du champ lexical de l'information, de l'informatique et de la cybernétique[56]. Dès 1944, Schrödinger[57] envisage les chromosomes comme les porteurs d'un « code héréditaire » et, plus précisément, d'un « modèle intégral du développement futur de l'individu et de son fonctionnement dans l'état adulte ». Dans son sillage, les biologistes moléculaires mobilisent un vocabulaire informationnel pour penser les unités d'hérédité, qui apparaissent bientôt comme des séquences d'acide désoxyribonucléique[58], et leur rôle dans le développement. Ainsi, la découverte de la structure en double hélice de l'ADN par Watson et Crick[59] est l'occasion de filer la métaphore : outre qu'elle permet de penser un mécanisme de copie pour le matériel héréditaire[60], elle suggère en effet que les séquences de bases – Adénine, Cytosine, Guanine et Thymine – constituent un « code » contenant l'information génétique[61]. L'idée est reformulée quelques années plus tard à travers « l'hypothèse de la séquence »[62]. Celle-ci dit en substance que « la spécificité d'un morceau d'acide nucléique est seulement exprimée par la séquence de ses bases, et que cette séquence est un (simple) code pour la séquence d'acides aminés d'une protéine particulière ». Dans les années 1960, le code génétique – à savoir la correspondance entre des triplets de nucléotides et des acides aminés – est progressivement décrypté. Enfin, le recours à la métaphore atteint sans doute son point d'acmé dans la notion de « programme génétique »[63]. À travers elle, les biologistes expriment l'idée selon laquelle les gènes sont dépositaires d'instructions dirigeant l'ontogenèse. Ils pensent chaque organisme comme « la réalisation d'un programme prescrit par l'hérédité »[64].

> Ce qui est transmis de génération en génération, ce sont les « instructions » spécifiant les structures moléculaires. Ce sont les plans d'architecture du

56. E. Fox Keller, *Refiguring Life, Metaphors of Twentieth-Century Biology*, New York, Columbia University Press, 1995 ; L. Kay, *Who Wrote the Book of Life ? A History of the Genetic Code*, Palo Alto, Stanford University Press, 2000 ; proposant une analyse légèrement différente, Michel Morange soutient que le concept d'information mobilisé en biologie caractérise une époque particulière : « Les concepts, tels ceux d'information, de rétrocontrôle, de programme, si utiles pour comprendre et expliquer les résultats de la biologie ne sont pas "empruntés" à la physique (ou à l'informatique). Communs à celles-ci et à la biologie, ils furent au cœur de cette nouvelle vision du monde qui s'est mise en place pendant et après la Seconde Guerre mondiale. », (M. Morange, *Histoire de la biologie moléculaire*, Paris, La Découverte, 2003, p. 132.)
57. E. Schrödinger, *Qu'est-ce que la vie ? De la physique à la biologie* [1944], Paris, Points, 1986, p. 56-57.
58. O.T. Avery, C.M. MacLeod, M. McCarty, « Studies on the Chemical Transformation of Pneumococcal Types », *The Journal of Experimental Medicine* 79(2), 1944, p. 137-158.
59. J. Watson, F. Crick, « Molecular Structure of Nucleic Acids », *Nature* 171, 1953, p. 737-738.
60. J. Watson, F. Crick, « Molecular Structure of Nucleic Acids », *ibid.*, p. 737.
61. J. Watson, F. Crick, « Genetical Implications of the Structure of Deoxyribonucleic Acid », *Nature* 171, 1953, p. 964-967, ici p. 965.
62. F. Crick, « On Protein Synthesis », *Symposia of the Society for Experimental Biology* 12, 1958, p. 138-163, ici p. 152.
63. E. Mayr, « Cause and Effect in Biology », *Science* 134, 1961, p. 1501-1506 ; F. Jacob, J. Monod, « Genetic Regulatory Mechanisms in the Synthesis of Proteins », *Journal of Molecular Biology* 3, 1961, p. 318-356.
64. F. Jacob, *La logique du vivant*, Paris, Gallimard, 1970, p. 10.

futur organisme. Ce sont aussi les moyens de mettre ces plans à exécution et de coordonner les activités du système.

Ainsi, c'est paradoxalement au moment où la génétique met au jour le matériel héréditaire qu'elle enrichit son vocabulaire de termes métaphoriques et qu'elle renoue, en définitive, avec la vieille idée selon laquelle les germes parentaux recèlent des messages longtemps restés inaccessibles aux biologistes[65]. Par l'intermédiaire de termes tels que « code », « lecture », « transcription » ou encore « traduction », la métaphore de l'information s'impose durablement dans le discours scientifique, bientôt complétée par celle du livre, qui transparaît à travers l'usage du vocabulaire de l'édition. Assurant une fonction didactique, elle permet de rendre compréhensibles des phénomènes dont certains sont décrits à l'aide des termes théoriques de la génétique mendélienne[66]. Dans ce contexte, l'hérédité apparaît comme un authentique concept scientifique associé à une théorie particulière et à une version renouvelée de la vieille métaphore linguistique. Toutefois, la convergence entre théorie et métaphore paraît là encore persister dans la mesure où le gène de la deuxième moitié du xxe siècle semble pouvoir se définir comme de l'information séquentielle (structurelle ou régulatrice). Autrement dit, l'hérédité paraît une fois de plus osciller entre théorie et métaphore dès lors qu'une notion métaphorique – l'information – se confond désormais avec une notion théorique – le gène – et revendique en cela une valeur scientifique.

La question est alors de savoir si l'usage théorique du vocabulaire informationnel, qui se distingue des usages didactique et heuristique et qui induit une convergence entre pittoresque et scientifique, ramène l'hérédité dans le champ de la métaphore et nuit ainsi à la clarté du propos scientifique. Répondre à une telle question nécessite de clarifier le statut de la notion même d'information génétique. Considérer cette dernière comme strictement métaphorique[67] éloigne l'hérédité du domaine de la théorie; lui reconnaître un sens exact et opérationnel induit la conséquence contraire. Or plusieurs arguments engagent à soutenir que le concept d'information est associé, dans ce cadre, à un contenu très clair. Tout d'abord, il ne renvoie pas vaguement à des représentations cryptées portant sur des traits à construire mais il désigne précisément une correspondance arbitraire entre une séquence de nucléotides et une séquence d'acides aminés[68]. Aussi jouit-il d'une dimension

65. Lors de la conférence dont cet article est issu, Michel Morange a remarqué le nombre limité des métaphores mobilisées pour évoquer l'hérédité biologique. Notons ici que la métaphore linguistique (télégramme) a aussi été utilisée par Weismann pour décrire les unités d'hérédité (E. Fox Keller, *Refiguring Life, Metaphors of Twentieth-Century Biology*, *op. cit.*, p. 81).

66. Pour autant, la correspondance entre le concept de gène mendélien et de gène moléculaire est particulièrement difficile à établir (J. Gayon, « La génétique est-elle encore une discipline ? », *Médecine/Sciences* 20 (2), 2004, p. 248-253).

67. E. Fox Keller, *Refiguring Life, Metaphors of Twentieth-Century Biology*, *op. cit.*, p. 94-98. Selon Fox Keller, l'information génétique n'est pas de l'information au sens de la théorie de Shannon, c'est-à-dire de l'entropie négative, dès lors qu'elle est censée avoir un contenu et ne résider que dans les gènes; voir aussi L. Kay, *Who Wrote the Book of Life ? A History of the Genetic Code*, Palo Alto, Stanford University Press, 2000, p. 2.

68. S'intéressant à l'emploi des métaphores informationnelles en biologie, Godfrey-Smith soutient que ce n'est que dans le contexte de la biologie cellulaire que les gènes peuvent être dits « coder » pour quelque chose, à savoir des protéines. L'information génétique ne dit en revanche rien sur les traits ou sur le développement. P. Godfrey-Smith, « On the Theoretical Role of "Genetic Coding" », *Philosophy of Science* 67, 2000, p. 26-44; P. Godfrey-Smith, « Information in Biology », *in* D. Hull, M. Ruse (eds.), *The Cambridge Companion to the Philosophy of Biology*, Cambridge, Cambridge University Press, 2007, p. 103-119.

opérationnelle qui semble asseoir le caractère théorique du concept de gène avec lequel il se confond et, par extension, la dimension scientifique de la notion d'hérédité. Par ailleurs, si l'on peut considérer que Watson et Crick, en évoquant l'information génétique portée par l'ADN, réhabilitent une vieille analogie et s'inscrivent dans une longue tradition, il reste possible de défendre une thèse différente. Selon cette dernière, les scientifiques se bornent à emprunter un terme usuel pour désigner quelque chose de précis, à savoir une correspondance entre des séquences de nucléotides et des séquences d'acides aminés[69], et non pour traduire le terme technique de gène dans un langage accessible au plus grand nombre. Une telle perspective invite à interroger l'objet dont l'information génétique serait la métaphore[70]. Elle conduit surtout à affirmer que la notion d'information génétique manipulée par les spécialistes n'égratigne nullement le statut théorique du concept d'hérédité biologique.

L'hérédité étendue : un retour vers la métaphore ?

Après l'hégémonie de la génétique, divers travaux récents se sont attachés à mettre en évidence un ensemble hétérogène d'éléments impliqués dans la réapparition des caractères. Ceux-ci sont considérés comme constitutifs ce qu'il est désormais convenu d'appeler une hérédité « étendue ». Dans ce contexte d'élargissement théorique, des concepts inclusifs ont été proposés afin de rendre compte d'un phénomène héréditaire protéiforme. Marquant un retour non assumé du langage métaphorique dans la sphère scientifique, ces derniers pourraient affaiblir le statut épistémologique du concept d'hérédité.

Au cours de ces dernières années, plusieurs études ont fait apparaître que des marques épigénétiques maintenues d'une génération à l'autre (*e. g.* méthylation de l'ADN, modifications des histones) jouent un rôle important dans le retour de traits tels que la symétrie de la linaire commune[71] et les capacités de défense du radis sauvage[72]. D'autres ont montré que les microorganismes symbiotiques transmis au fil des générations sont nécessaires à la réapparition de certaines capacités métaboliques, notamment chez les insectes[73]. Des travaux ont par ailleurs permis de souligner que les individus de certaines espèces peuvent transmettre des comportements par l'intermédiaire d'interactions sociales[74]. Ainsi, les mésanges bleues et les mésanges charbonnières enseignent

69. J. Gayon, V. Petit, *La Connaissance de la vie aujourd'hui*, London, ISTE Editions, 2018, p. 365.

70. « Comme Crick l'a abondamment souligné, il a pris ce mot au sens technique d'une correspondance linguistique, terme à terme, entre nucléotides et acides aminés. C'est peut-être à tort qu'on qualifie l'information comme une métaphore, car pour avoir une métaphore, il faut que quelque chose se substitue à quelque chose d'autre pour l'exprimer. On peut dire que le lion est une métaphore du courage, mais si l'information est une métaphore, de quoi est-elle métaphore ? » (J. Gayon, V. Petit, *La Connaissance de la vie aujourd'hui*, *op. cit.*, p. 365).

71. P. Cubas, C. Vincent, E. Coen, « An epigenetic mutation responsible for natural variation in floral symmetry », *Nature* 401 (6749), 1999, p. 157-161.

72. L. M. Holeski, G. Jander, A. A. Agrawal, « Transgenerational Defense Induction and Epigenetic Inheritance in Plants », *Trends in Ecology & Evolution* 27 (11), 2012, p. 618-626.

73. Voir A. E. Douglas, « The Microbial Dimension in Insect Nutritional Ecology », *Functional Ecology* 23 (1), 2009, p. 38-47, et A.K. Hansen, N. A. Moran, « Aphid Genome Expression Reveals Host-Symbiont Cooperation in The Production of Amino Acids », *PNAS* 108 (7), 2011, p. 2849-2854.

74. E. Avital, E. Jablonka E., *Animal Traditions : Behavioural Inheritance in Evolution*, Cambridge, Cambridge University Press, 2000.

à leurs petits ce qu'ils doivent manger[75] tandis que les rats noirs apprennent à effeuiller les pommes de pin en s'inspirant du modèle parental[76]. Enfin, l'hérédité environnementale désigne la stabilité d'éléments externes tels que les nids d'oiseaux, les barrages de castors ou les plantes de ponte de certains insectes[77].

L'extension du champ de l'hérédité s'accompagne de la construction de cadres conceptuels inclusifs et du retour discret des métaphores dans le discours scientifique. Certains spécialistes, biologistes et philosophes, définissent en effet aujourd'hui l'hérédité en termes de transmission d'« information » génétique et non génétique[78]. Ils substituent ainsi au concept théorique de gène une notion métaphorique qui venait jusqu'alors l'illustrer[79]. Et si certains travaux tentent d'offrir un contenu précis à cette dernière[80], les débats qui subsistent à son sujet continuent d'hypothéquer sa dimension théorique[81]. Bref, si le concept d'information a un sens précis dans certains domaines, il revêt encore une dimension métaphorique lorsqu'il est introduit dans le discours sur l'hérédité étendue. D'autres auteurs, principalement philosophes, décrivent l'hérédité en termes de mise à disposition de « ressources » développementales génétiques et non génétiques[82]. Selon la perspective qu'ils défendent, les gènes ne sont que l'une des causes nécessaires à la réapparition des traits au fil des générations ; l'ontogenèse ne résulte pas du déploiement d'un programme génétique mais des interactions à l'œuvre entre diverses ressources stables et constitutives d'une « matrice développementale »[83]. Une telle approche renoue subtilement avec la métaphore juridique originelle. Les ressources héréditaires ne sont en effet pas sans rappeler les biens légués aux descendants selon les règles de la succession. Par ailleurs, si le terme de ressource, qui désigne généralement un moyen, a un sens précis dans le domaine géopolitique (ressources d'un pays) et dans la sphère de l'économie et du droit (ressources financières ou matérielles), il ne constitue pas un concept théorique de la biologie et n'a pas (encore) de sens propre établi dans ce domaine.

75. T. Slagsvold, K. Wiebe, « Learning the Ecological Niche », *Proceedings of the Royal Society B : Biological Sciences* 274 (1606), 2007, p. 19-23.

76. R. Aisner, J. Terkel, « Ontogeny of Pine Cone Opening Behaviour in the Black Rat, *Rattus rattus* », *Animal Behaviour* 44 (2), 1992, p. 327-336.

77. J. Odling-Smee, K.N. Laland, M.W. Feldman, *Niche Construction : The Neglected Process in Evolution*, Princeton, Princeton University Press, 2003.

78. E. Jablonka, « Information : Its Interpretation, Its Inheritance and Its Sharing », *Philosophy of science* 69 (4), 2002, p. 578-605. N. Shea, « Representation in the Genome, and in Other Developmental Systems », *Biology & Philosophy* 22 (3), 2007, p. 313-331. E. Danchin, « Avatars of Information : Towards an Inclusive Evolutionary Synthesis », *Trends in Ecology and Evolution* 28 (6), 2013, p. 351-358.

79. Le statut théorique du concept d'information (héréditaire) a été discuté dans la partie précédente. Si on peut l'envisager comme une métaphore aux vertus didactiques, des arguments permettent également de la penser comme un concept opérationnel.

80. E. Jablonka, « Information : Its Interpretation, Its Inheritance and Its Sharing », art. cit. N. Shea, « Representation in the Genome, and in Other Developmental Systems », art. cit.

81. P. Godfrey-Smith, « Information in Biology », *in* D. Hull, M. Ruse (eds.), *The Cambridge Companion to the Philosophy of Biology*, *op. cit.*

82. P.E. Griffiths, R.D. Gray, « The Developmental Systems Perspective. Organism-Environment Systems as Units of Development and Evolution », *in* M. Pigliucci, K. Preston (eds.), *Phenotypic Integration. Studying the Ecology and the Evolution of Complex Phenotypes*, Oxford, Oxford University Press, 2004, p. 409-431. P.E. Griffiths, K. Stotz, *Genetics and Philosophy : An Introduction*, Cambridge, Cambridge University Press, 2013.

83. S. Oyama, *The Ontogeny of Information : Developmental Systems and Evolution*, Cambridge, Cambridge University Press, 1985. Voir aussi P.E. Griffiths, R.D. Gray, « Developmental Systems and Evolutionary Explanation », *The Journal of Philosophy* 91 (6), 1994, p. 277-304.

Dans le contexte décrit, les métaphores ne jouent pas un rôle didactique : elles ne sont pas vouées à faciliter la compréhension d'un phénomène qui implique davantage que la réplication de portions d'ADN. Elles n'assurent pas non plus de fonction heuristique au sens où elles ne visent pas à élargir de façon exploratoire le champ de l'hérédité. N'étant pas clairement identifiées comme des métaphores, les notions d'« information » et de « ressource » ont plutôt ici vocation à se substituer au concept de « gène ». Elles semblent en cela prétendre à une valeur théorique. Avec elles, le pittoresque se drape ainsi imperceptiblement dans les habits de la science. L'image, qui ne se présente pas comme telle et qui avance masquée, revendique une valeur scientifique.

Les métaphores semblent prétendre à une valeur théorique

Ces métaphores non assumées pourraient induire une perte de précision théorique. Invitant à intégrer dans le champ de l'héréditaire tout ce qui s'apparente à une information ou à une ressource stable (de la séquence d'ADN aux parties de l'environnement), elles sont en effet susceptibles de diluer le concept d'hérédité dans celui, plus général, de stabilité[84]. À rebours du processus de réification au cours duquel l'hérédité est devenue un concept scientifique doté d'une valeur explicative singulière[85], les considérations contemporaines semblent donc ramener cette dernière dans le champ de la métaphore. Elles tendent plus précisément à la faire apparaître comme une métaphore à la recherche d'une nouvelle théorie[86]. Finalement, l'usage théorique de ces métaphores dissimulées place les scientifiques face au risque, évoqué par Richard Lewontin[87], de « confondre la métaphore avec la chose qui (les) intéresse vraiment » et de perdre « les aspects du système qui ne correspondent pas à l'approximation métaphorique ».

Plusieurs options sont néanmoins envisageables pour garantir le maintien du statut épistémologique du concept d'hérédité et la précision théorique qui lui est associée. La première consisterait à offrir un contenu scientifique aux métaphores mobilisées dans le discours. Après tout, de nombreux concepts théoriques tels que « champ », « cellule » ou encore « corpuscule » ont été empruntés au langage courant avant d'intégrer pleinement le domaine de la science[88], et rien n'empêche de penser que l'« information » et la « ressource » héréditaires deviendront à leur tour des concepts de la biologie s'ils remplissent certains critères. Parmi ces derniers, on peut mentionner le fait de renvoyer à des définitions exactes. Ainsi, de même que la force newtonienne n'est pas pensée sur le modèle de la force humaine et se définit comme le produit de deux autres grandeurs, à savoir la masse et l'accélération, de même la ressource héréditaire ne saurait être conçue sur le modèle d'un bien transmis de génération

84. M. Mossio, G. Pontarotti, « Conserving Functions across Generations : Heredity in Light of Biological Organisation », *British Journal for the Philosophy of Science*, https://doi.org/10.1093/bjps/axz031, 2019.
85. C. López-Beltrán, « From Metaphor to Cause, A reification Story », art. cit., p. 213-214.
86. L'expression « une métaphore à la recherche d'une nouvelle théorie » est inspirée du titre de l'article suivant : P.E. Griffiths, « Genetic Information : A Metaphor in Search of a Theory », *Philosophy of Science* 68 (3), 2001, p. 394-412.
87. R.C. Lewontin, *The Triple Helix. Gene, Organism and Environment*, *op. cit.*, p. 4.
88. J. Molino, « Métaphores, modèles et analogies dans les sciences », art. cit., p. 86.

en génération et doit être associée à une définition particulière. Pour devenir des concepts théoriques, l'information et la ressource héréditaires doivent par ailleurs trouver leur place dans des propositions à valeur explicative et prédictive, à l'instar du concept opérationnel de gène. Si plusieurs travaux tentent de définir précisément l'information héréditaire[89], les études cherchant à clarifier le sens théorique du concept de ressource peinent encore à émerger. La raison en est sans doute que la dimension métaphorique de la notion de ressource, contrairement à celle d'autres termes employés dans les discours sur l'hérédité (*e. g.* information, transmission, patrimoine), n'est pas encore reconnue.

Une deuxième option reviendrait à identifier les métaphores de l'information et de la ressource en tant que telles. Celles-ci pourraient alors se voir conférer une valeur heuristique et motiver le développement de nouveaux programmes de recherche[90]. Grand utilisateur de métaphores pour rendre compte de l'évolution biologique, Richard Dawkins[91] souligne que celles-ci aident non seulement à la compréhension de phénomènes par ailleurs décrits par des termes techniques, mais qu'elles peuvent également nourrir et stimuler l'esprit du scientifique dès lors qu'elles permettent de présenter les faits sous un jour nouveau[92]. Il exprime ainsi l'idée classique selon laquelle les métaphores sont indispensables dans les premières étapes du travail scientifique et peuvent s'avérer particulièrement fécondes d'un point de vue théorique.

Le retour des métaphores dans la littérature est d'ailleurs sans doute symptomatique du flou qui entoure aujourd'hui une notion « en chantier » et nécessitant la construction d'un nouveau champ de recherche[93]. Après l'âge d'or de la génétique, les biologistes du XXIe siècle doivent en effet entamer un travail conséquent pour repenser l'hérédité biologique. Confrontés à une masse de données qu'il importe de rendre intelligibles et d'intégrer dans un cadre théorique cohérent, ils se trouvent dans une situation comparable à celle des physiologistes du XIXe siècle dont les interrogations sont remarquablement résumées par Prosper Lucas[94] :

> Certes on ne peut nier les transmissions héréditaires des maladies : trop de preuves se réunissent pour les démontrer. Mais cette notion, il faut bien l'avouer, appartient moins jusqu'ici à la science qu'à la masse de ces connaissances empiriques qui composent trop souvent tout le bagage de la médecine pratique. Qui sait, par exemple, les conditions sous lesquelles les influences héréditaires

89. E. Jablonka, « Information : Its Interpretation, Its Inheritance and Its Sharing », art. cit. N. Shea, « Representation in the Genome, and in Other Developmental Systems », art. cit.

90. E. Fox Keller, *Refiguring Life, Metaphors of Twentieth-Century Biology*, *op. cit.*, p. XIII.

91. R. Dawkins, *Le gène égoïste* [1989], Paris, Odile Jacob, 2003, p. 13.

92. « Exposer des idées qui n'ont été exprimées que dans les revues techniques constitue un art difficile. Il faut tourner le langage pour le rendre compréhensible et utiliser des métaphores illustrant parfaitement ce qu'on veut dire. Si vous poussez les nouveautés de langage et les métaphores suffisamment loin, vous finissez par voir les choses d'une autre manière. Et voir les choses d'une autre manière peut constituer [...] une contribution originale à la science. » (R. Dawkins, *Le Gène égoïste*, *ibid.*, p. 13.)

93. G. Pontarotti, *Au-delà du tout génétique : Une perspective organisationnelle sur l'hérédité biologique et ses implications en biologie de l'évolution*, Thèse de doctorat, Université Paris 1 Panthéon-Sorbonne, 2017.

94. P. Lucas, *Traité philosophique et physiologique de l'hérédité naturelle dans les états de santé et de maladie du système nerveux avec l'application méthodique des lois de la procréation au traitement général des affections dont elle est le principe*, Paris, J.B. Baillière (source : Gallica.fr), 1847-1850, p. XVIII-XIX.

se propagent ? […] Nous n'avons donc bien réellement que des incertitudes, de l'obscurité et du vague, touchant les transmissions héréditaires ».

À l'heure où la littérature suggère que l'hérédité ne se joue plus uniquement dans la réplication de séquences d'ADN, il importe d'interroger la gamme des traits reconstruits par hérédité, les mécanismes qui sous-tendent le retour de ces traits, la temporalité du phénomène héréditaire ou encore l'implication de l'environnement dans ce dernier. Dans un tel contexte d'incertitude théorique, les métaphores ont sans nul doute un rôle prépondérant à jouer, à condition, évidemment, d'être identifiées comme telles.

Conclusion

Le concept d'hérédité biologique, ainsi que le champ de recherche qui lui est associé, se sont construits à travers et par les métaphores. Dans cet essai, j'ai soutenu la thèse selon laquelle les différents usages ayant été faits de ces procédés rhétoriques ont eu des conséquences diverses sur le statut épistémologique d'une notion centrale dans les sciences du vivant. Si les métaphores ont joué un rôle principalement heuristique et didactique depuis la constitution d'un premier champ de recherche dédié au XIXe siècle, les récents travaux relatifs à l'hérédité étendue ont induit une convergence réelle, quoique discrète, entre théorie et métaphore. Faisant un usage théorique de notions métaphoriques, ils semblent aujourd'hui écorner la dimension scientifique du concept d'hérédité biologique. Aussi l'enjeu est-il désormais d'éviter le piège de l'approximation théorique en restituant à des métaphores identifiées comme telles les valeurs didactique et heuristique qui leur sont généralement attribuées. C'est à cette seule condition, en effet, que l'hérédité pourra s'imposer comme un concept théorique robuste dont la transformation nécessite le recours aux analogies.

Le bref parcours historique déroulé dans cet article n'engage ainsi pas à condamner l'usage des métaphores dans la sphère scientifique ou à présupposer que celles-ci nuisent à la clarté des discours sur l'hérédité biologique. Il permet au contraire de souligner que tandis que les usages didactiques et heuristiques sont généralement féconds, la convergence, parfois subtile, entre théorie et métaphore peut obscurcir le propos des spécialistes en faisant apparaître l'hérédité comme un vague phénomène de stabilité transgénérationnelle. L'analyse déployée soulève par ailleurs des interrogations qui devront faire l'objet d'études complémentaires. Elle encourage notamment à questionner l'efficacité heuristique et didactique des images régulièrement mobilisées dans les études sur l'hérédité biologique. Tandis que Wunenberger[95], qui décrit la métaphore comme « la trace d'une saisie originaire d'informations complexes », soutient que la valeur heuristique de ce procédé rhétorique ne peut être évaluée qu'a posteriori, Fox Keller[96] considère que l'efficacité des métaphores aux vertus poïétiques dépend des ressources sociales, techniques et naturelles disponibles. La valeur didactique de la métaphore peut quant à

95. J.-J. Wunenburger, « Métaphore, poïétique et pensée scientifique », art. cit.
96. E. Fox Keller, *Refiguring Life, Metaphors of Twentieth-Century Biology, op. cit*, p. XIII.

elle s'apprécier en fonction de la pertinence de l'analogie qui la fonde. Selon le biologiste Guillaume Lecointre[97], la légitimité de l'usage des métaphores en biologie repose sur l'identité des processus évoqués. Si cette dernière est réelle, alors la métaphore acquiert une valeur explicative qui dépasse la simple fonction suggestive, comme l'illustre le cas de la sélection artificielle qui constitue pour Darwin un modèle de la sélection naturelle, mais aussi et surtout, l'une de ses meilleures preuves indirectes[98]. Enfin, l'examen que nous avons livré invite à questionner plus généralement l'existence de concepts scientifiques purs et les conditions auxquelles une notion d'origine métaphorique peut acquérir une véritable dimension théorique. Entre théorie et métaphore, l'hérédité biologique se présente comme un exemple idéal pour nourrir une telle réflexion.

Gaëlle Pontarotti
Institut d'histoire et de philosophie des sciences et des techniques

97. G. Lecointre, « De l'usage des métaphores en science », *SPS* 295, 2011, http://www.pseudo-sciences.org/spip.php? article1621.

98. J. Gayon, « Mort ou Persistance du Darwinisme ? Regard d'un épistémologue », *Comptes Rendus Palevol* 8 (2-3), 2009, p. 321-340.

PARUTION

Emmanuelle Jouët-Pastré

Le plaisir à l'épreuve de la pensée : Lecture du Protagoras, du* Gorgias *et du* Philèbe *de Platon

Leyden-Boston, Brill, 2018.

Malgré toutes les hypothèses sur l'évolution de la pensée de Platon, la constance dont ce dernier fait preuve pour penser le plaisir témoigne de la consistance d'un véritable problème philosophique. Le parcours proposé par Emmanuelle Jouët-Pastré, du *Protagoras* au *Philèbe* en passant par le *Gorgias*, le formule clairement : la philosophie peut-elle convaincre de la supériorité de la vie qu'elle propose face à l'hédonisme radical, c'est-à-dire au mode de vie qui consiste à toujours suivre son propre plaisir ? Que peut, en somme, la raison face au plaisir ? La réponse platonicienne consiste à refuser l'alternative elle-même en montrant que le choix du plaisir reste le choix d'un homme donc d'une forme d'intelligence dans le *Protagoras*, ou dans le *Philèbe* que plaisir et pensée ne s'excluent pas mutuellement, bien au contraire, en défendant la « vie mixte » faite d'intelligence et de plaisir. Il n'empêche que la question demeure : que peut la philosophie face à celles et ceux qui ont décidé de faire du seul plaisir leur règle de vie ?

L'introduction de l'ouvrage pose précisément ce problème en soulignant le double mouvement qui l'anime : en réfléchissant sur le traitement du plaisir dans les dialogues de Platon, il s'agit de montrer « le lien nécessaire et indéfectible entre plaisir et pensée et en même temps la résistance du plaisir à être pensé par le non philosophe » (p. 7). À l'épreuve de la pensée, le plaisir apparaît d'abord dans sa multiplicité et sa pluralité ; il n'y a pas un plaisir mais des plaisirs : des plaisirs du corps, de l'âme, des vrais, des faux plaisirs, des plaisirs purs et d'autres mélangés de douleur. Pour cette raison il est impossible de répondre sans nuance à la question de départ du *Philèbe*, « le plaisir est-il un bien ? ». Il faudra le détour de la dialectique et la division des plaisirs pour y répondre et montrer que seuls certains plaisirs, les plaisirs purs, peuvent être comptés dans la hiérarchie finale du bien (*Philèbe* 66c). Le plaisir sans la pensée n'est rien ou si peu de choses ; comme le montre le célèbre passage qui reconduit la vie du plaisir sans pensée à celle d'un « poumon marin » (22c *sq.*). Pour l'homme, pour le vivant même, il n'y a de plaisir qu'à partir du moment où une limite en détermine les contours et en permet l'expérience consciente.

Mais quelque chose de la pensée se révèle aussi à l'épreuve du plaisir : en se confrontant à hédonisme, Platon ne cherche pas à imposer une morale de la frustration et du sacrifice contre un hédonisme mal dégrossi, il ne se fait pas non plus l'avocat d'un certain plaisir. Comme le montre Emmanuelle Jouët-Pastré, on perd en réalité quelque chose de la pensée de Platon à chercher à caractériser sa position comme hédoniste ou anti-hédoniste. En surmontant cette opposition, le livre montre que Platon affronte des figures hédonistes parce qu'il y a dans la force vitale du plaisir quelque chose qui résiste à la pensée et est capable d'en nier la valeur.

Le premier chapitre est consacré à la discussion de la valeur du plaisir à la fin du *Protagoras* (351c-358d). Dans ce passage, très discuté[1], Socrate s'appuie sur l'hypothèse hédoniste selon laquelle le plaisir lui-même est le bien, pourtant ensuite clairement désavouée dans de nombreux dialogues, notamment le *Gorgias*. Le livre – qui suit les méandres du texte platonicien jusque dans ses moindres détails – refuse les interprétations qui font de Socrate un hédoniste qui reconduirait toute action à un calcul des plaisirs et des peines[2], et l'interprète comme un argument *ad hominem* s'appuyant sur l'hédonisme des sophistes et plus généralement de la foule pour montrer que, même dans ce cas de figure, une science de la mesure, une *metrètikè*, est nécessaire. Il y a donc un lien entre plaisir et savoir; même en se plaçant au niveau d'un hédonisme commun, il est possible de faire apparaître l'importance du *logos* et la nécessité de faire des distinctions entre les plaisirs, préparant ainsi le terrain pour les analyses de la *République* (IX 582a *sq.*) et du *Philèbe*.

Mais il y a évidemment une objection majeure à faire à cette lecture résolument continuiste. Ce passage du *Protagoras* est lié à la thèse de la vertu-science, ou à ce qu'on appelle l'intellectualisme socratique, donc au refus de l'*akrasia* – l'incontinence ou la faiblesse de la volonté. Un des objectifs de ce passage est de montrer qu'on n'est jamais « vaincu par le plaisir », mais qu'on choisit toujours le plaisir qui nous paraît le meilleur à un moment donné selon un calcul des plaisirs et des peines. Cette démonstration est souvent comprise comme une forme de dénégation platonicienne des affects, de la force du désir irrationnel capable de me faire agir contre ce que je crois être bon pour moi, position qui serait infléchie ensuite avec l'introduction de la tripartition de l'âme dans la *République* qui reconnaît l'existence de motivations non rationnelles. Mais, comme le dit bien Emmanuelle Jouët-Pastré (p. 46-47), dans le *Protagoras* Socrate ne nie pas la puissance des affects ou la faillibilité de la raison et du calcul, il affirme en revanche que le savoir ne peut pas être dépassé par des motifs non rationnels. Selon Platon, on n'agit jamais contre ses propres convictions, contre ce que l'on croit être vrai, juste et bien pour nous; on peut en revanche se tromper dans sa croyance et s'illusionner sur son propre bien. L'erreur est alors de croire que l'on est « vaincu par le plaisir » comme si l'on était vaincu par une force obscure et perverse qui logerait en soi-même. Si intellectualisme socratique il y a, ce dernier ne saurait donc désigner l'exclusion du plaisir ou du désir (voir p. 17 et 51) : il désigne avant tout le fait que la source du vice reste une forme d'ignorance, dont les effets peuvent être dévastateurs, ce qui dit aussi d'une autre façon la force de l'intelligence et sa faillibilité. L'ignorance et l'erreur

1. Voir l'analyse récente de K. Tordo-Rombaut, « *Protagoras* 351b3-358d4 : le plaisir et rien d'autre », *χώρα. Revue d'Études Anciennes et Médiévales* 17 (Le plaisir. Platon, Aristote et la postérité), 2019, p. 59-90.

2. Une interprétation défendue entre autres par T. Irwin, *Plato's Moral Theory : the Early and Middle Dialogues*, Oxford, Clarendon Press, 1977; J. C. B. Gosling et C. C. W. Taylor, *The Greeks on pleasure*, Oxford, Clarendon Press, 1982.

peuvent amener à ce que l'irrationnel prévale sur le rationnel conformément à la leçon de la *République* et des *Lois* (p. 51).

La leçon du *Protagoras*, en ce qui concerne le plaisir, est donc que le *logos* est inhérent à la recherche du plaisir, que cette recherche – qui est un processus naturel et n'a rien de condamnable en soi – implique par elle-même une réflexion sur ce qui est plaisant, ce qui ne l'est pas, et surtout sur les différentes formes de plaisirs, et notamment sa temporalité. Au fond le *Protagoras* répond à une position morale selon laquelle l'homme serait tiraillé entre la raison d'un côté et de l'autre le désir, et en fonction du rapport de force entre les deux on serait soit sage soit libidineux. À cette position, Socrate répond que, dans un cas comme dans l'autre, il s'agit d'un calcul rationnel qui peut donc renvoyer à une norme objective, à une mesure.

Mais que dire à celui qui remet en cause la norme du calcul des plaisirs et des peines ? Et si le bon calcul c'était de chercher à prendre le maximum de plaisir ? S'il n'y a d'autre bien que le plaisir, si le bonheur c'est être traversé par le plus de plaisirs possibles, alors le choix de la vie philosophique s'en trouverait radicalement disqualifié. Cette hypothèse, celle que soutient éhontément l'hédoniste radical dans le *Gorgias*, fait l'objet du deuxième chapitre. Là encore la lecture d'Emmanuelle Jouët-Pastré est minutieuse et patiente ; elle couvre la plupart des arguments de Calliclès jusqu'au mythe final. C'est probablement sur ce texte que ses analyses sont les plus tranchantes et les plus originales.

Tout lecteur du *Gorgias* ne peut manquer de se demander qui finalement prend le dessus dans ce dialogue qui met en scène un affrontement violent. Et les lecteurs du *Gorgias* se répartissent entre ceux qui pensent que Socrate réfute définitivement la position de Calliclès, tout empêtré qu'il est dans ses contradictions, et ceux qui soulignent l'échec du dialogue en tant que tel puisque Socrate finit en parlant tout seul sans avoir réussi à convaincre Calliclès. L'intelligence du commentaire d'Emmanuelle Jouët-Pastré consiste en quelque sorte à ne pas choisir, ou plutôt à montrer que Platon organise savamment ces deux effets dans le dialogue. D'une part, Calliclès est bel et bien réfuté : sa position qui consistait à revendiquer l'égalité entre tous les plaisirs (qu'ils soient nobles ou ignobles) est bientôt contredite par l'affirmation selon laquelle certains plaisirs sont préférables à d'autres ; son hédonisme radical n'est pas cohérent avec les valeurs aristocratiques qu'il proclame. Mais l'auteure cherche à comprendre la logique de Calliclès. Or ce dernier n'a nulle cure d'être réfuté. Pour lui les arguments n'ont aucune valeur en face de l'évidence du plaisir et du désir. Tout le monde déplore la faiblesse argumentative de Calliclès alors qu'il y a une véritable intelligence à le comprendre (comme le font notamment les p. 108 à 111) et à ne pas se satisfaire de ses mauvais arguments. Son refus final de parler a un sens philosophique ; de même que l'ingénieux dispositif final où Calliclès se fait dicter ses réponses par Socrate tout en boudant ostensiblement (voir la lecture de 506c *sq.* des pages 113-114). Ainsi Platon donne-t-il à voir en même temps les arguments de Socrate en faveur de la vie philosophique (ce qui fit qu'on vit très tôt le *Gorgias* comme un dialogue protreptique) et une réflexion sur les limites du pouvoir de la philosophie et de la discussion rationnelle.

Celle-ci ne peut rien contre celui qui tient à rester au niveau de la certitude de la seule voix de son corps et de son plaisir. Il s'agit donc de voir pourquoi ces positions ne peuvent dialoguer ensemble malgré les efforts de Socrate pour créer un espace commun de dialogue. Du point de vue de Calliclès – le point de vue du corps, du désir brut, du seul plaisir – sa vie reste préférable, et il en restera convaincu tant qu'il n'aura pas changé radicalement de vie.

Cette lecture du *Gorgias* permet d'introduire au *Philèbe* (chapitre 3). On a souvent souligné les ressemblances entre Philèbe et Calliclès : les deux protagonistes représentent un hédonisme radical. Mais leur situation dialogique est différente. Car Philèbe a intégré l'embarras de Calliclès ; il ne se risquera pas à parler et à s'exposer à la contradiction. Mais il n'en reste pas moins sur la scène du dialogue, il est là et son mutisme rappelle à tout moment la fragilité de la philosophie, la possibilité de refuser le débat rationnel. On ne peut pas discuter avec lui, mais Platon propose de philosopher à partir de lui pour essayer de comprendre ce qu'il pense. Seul le refus de la discussion permet à Philèbe de rester sur ses positions, à la différence de Protarque qui se montre bien plus accommodant. En acceptant la discussion, il évolue peu à peu vers un hédonisme éclairé, en ceci qu'il accepte de discuter de sa propre règle de vie, de l'objectiver, ce qui constitue par là même un hédonisme modéré, capable de comprendre la nécessité de la mesure et de la limite pour rendre possible le plaisir. Bien entendu, cette évolution et cette transformation ne se fait pas sans mal puisqu'elle demande d'abord de transformer la thèse ambiguë de Philèbe (qui, en effet, ne dit d'abord qu'une chose, que « le plaisir est bon », *Philèbe* 11b) puis les détours essentiels de la « méthode divine » (la dialectique) et de la division quadripartite.

Dans la continuité de sa thèse Emmanuelle Jouët-Pastré insiste sur ce qui résiste à la philosophie dans le dialogue ; elle fait ainsi grand cas de la présence silencieuse de Philèbe ainsi que de la fin du dialogue, où dit-elle, Protarque se trouve persuadé mais pas pleinement convaincu. Pour cette raison il reste « sur le seuil du bien » (p. 242, *Philèbe* 64c) parce que la classification des biens reste une entreprise philosophique à laquelle peut s'opposer la logique seule du plaisir.

L'échec du dialogue, cependant, n'est pas l'échec des dialogues ; rendre compte d'une limite de la philosophie, ce n'est pas affaiblir la philosophie. En insistant cependant sur les charmes et le prestige du plaisir, ainsi que sur la fragilité du projet philosophique, l'auteur fait le pari de l'intelligence et de la finesse de Platon.

Stéphane Marchand
Université Paris 1 Panthéon Sorbonne / Gramata (SPHERE UMR 7219)

ABSTRACTS

Rêve et imagination : approches antiques

Imagination in Seneca's Tragedies : Sensory Illusions, Hallucination, Dreams

Jean-Pierre Aygon

Seneca, in his tragedies, staged « imaginary » scenes which freely borrowed some of their features from the Stoic phantasiai. On the one hand, the playwright kept at distance the fictitious universe of his drama, the place of a real poetic autonomy. On the other hand, he always made a connection, in his characters, between confusion in perception or relation to reality, and weakness in the soul. Whether it be about sensory illusions, hallucinations, dreams or fantasies (in the modern sense), the crucial role played by the subject in the qualities of his own representations is underlined, thus shedding a new light on the characters' responsibilities in the destiny which carries them along.

Hope and Empire in the *Dream of Scipio*

Jed W. Atkins

The *Dream of Scipio* is an opportunity for Cicero to reexamine the often politically undervalued notion of hope, through the long narrative of a dream in which Scipio had the vision, not only of his future destiny, but of the whole universe, and was instructed of the human souls' fates after death. In reply to the questions addressed by Ancient Republicanism, about the limits in which a Republic can aim at imperial expansion and glory, Cicero's eschatology in the *Dream of Scipio* gives a renewed legitimacy to hope, in redirecting it to that no longer earthly but heavenly glory promised to virtuous politicians after death. A careful attention to hope as it is treated in the *De Republica* allows one to seize the unity formed by the *Dream* and the rest of the works, and to sketch the history of ideas on the political value of hope.

Dream and Imagination in Boethius' *Consolatio Philosophiae* : Obstacles or Incentives in the Reconquest of the Supreme Good ?

Sophie Van der Meeren

Dream and imagination play a fundamental role in the approach of personified Philosophy, which gradually brings back the prisoner to the supreme good. Our enquiry will follow three directions : as in a dream, illusions and images delude the prisoner and hinder him from perceiving the real good. However, Philosophy also values reproductive imagination as the first degree of a cognitive ascent. Finally, to raise the prisoner, and thereby the reader, up to the end of that teleological path, she appeals to creative imagination enriched by literary resources.

Who Is Dreaming ? Augustine on Dream, Vision, and Ethics

Isabelle Koch

When I dream that I commit an offence, must I be blamed for my dream, or for what I do in my dream ? Augustine, like most of the Western Church Fathers, answers No to that question. However, he advocates many theses which seem difficult to reconcile with the ethical neutrality of dreams. In particular, he considers emotions or dream thoughts as genuine affects and real acts of knowledge, which we identify as such in waking up. Taking into account the very fine-tuned phenomenology of dreams offered by Augustine, we shall try to understand why he takes for granted that in a dream, there is no sin.

The Epicureans on Dreams

Voula Tsouna

Most of the Ancient philosophers think that dreams have prophetic properties. The only philosophers to depart from that tradition are the Epicureans. They demystify the dream phenomenon by explaining it in terms of their materialistic physical theory. They underline the link between the dream content and daily activities, between the same content and the dreamer's quality of soul. Because one's identity goes on when one dreams, the Epicureans bestow on oneiric activity a great psychological and moral significance : although a dream is not truthful, it nonetheless reveals something, as the expression of the intimate corners of the dreamer's personality.

Time Aspects in Ancient Times

Jean-Louis Poirier

Time cannot be cut off from eternity. As the « moving image of the motionless eternity » according to Plato's Timaeus, time gives stability and duration to sensory reality, by affording it the power to imitate eternity according to cyclical movement. With Christianity, despite the setting aside of the cyclical figure, then subjected to historical meaning, time keeps its ordering power, in a world at God's image. But it is time's deficiency, staged in the myths of the Gnostic religion, in the stressful context of a failed creation, the work of an incompetent god, which shows, albeit in a negative mode, the essential connection between time and eternity.

Biological Heredity, between Metaphor and Theory

Gaëlle Pontarotti

This paper questions the different roles played by metaphors in the studies dedicated to biological heredity. It argues more precisely that these roles had a significant impact on the epistemological status of a key concept in the life sciences. Through a brief historical journey, I show that the notion of biological heredity has oscillated, since its introduction in medicine and physiology, between theory and metaphor. I assert more particularly that the recent accounts about so-called extended heredity use hidden metaphors and thereby subtly bring biological heredity back to the field of metaphorical concepts.

FICHE DOCUMENTAIRE

4e TRIMESTRE 2019, N° 159, 136 PAGES

Le dossier de ce numéro des *Cahiers philosophiques* est consacré à diverses conceptions du rêve et de l'imagination dans la philosophie antique.
La rubrique « Études » propose un article sur le temps dans le *Timée* de Platon et un article sur la théorisation de l'hérédité biologique.

Mots clés

rêve ; imagination ; image ; fantasme ; illusion ; songes ; visions ; espoir ; empire ; éthique ; temps ; éternité ; métaphore ; biologie ; génétique ; épicuriens ; stoïciens ; Cicéron ; Pétrarque ; Virgile ; Thucydide ; Platon ; Boèce ; Augustin

Vrin - Bibliothèque des textes philosophiques
300 p. - 13,5 x 21,5 cm - 1975
ISBN 978-2-7116-0033-5, 35 €

La clef des songes
Artémidore d'Éphèse

Témoin remarquable de la tradition onirocritique grecque, Artémidore a composé sur son art un traité qu'il a voulu faire aussi complet que possible. L'*Onirocriticon* constitue le seul ouvrage de ce genre qui nous soit parvenu dans son intégralité : Artémidore nous y apparaît comme un interprète rationaliste, pour lequel compte non pas le don de prophétie, mais l'application intelligente d'une technique fondée sur l'expérience. Engagé dans la pratique professionnelle, souvent polémique, de l'interprétation des songes, Artémidore se propose de convaincre les adversaires de la divination et de la providence divine en produisant les faits et accomplissements qui constituent pour lui le critère ultime de l'exactitude d'une doctrine onirocritique. Artémidore apporte par ailleurs quantité de renseignements curieux et intéressants sur le monde gréco-romain du IIe siècle de notre ère, et constitue une source précieuse pour l'étude de l'histoire ancienne.
Traduction de André-Jean Festugière

Fama deum. Lucrèce et les raisons du mythe
Alain Gigandet

Fama deum : « rumeur des dieux » : émanation de la puissance divine elle-même, ou bien plutôt effet terrifiant d'un imaginaire mystifié? La réfutation des récits mythiques s'attaquant à leur autorité traditionnelle prestigieuse constitue une dimension méconnue du combat éthique que mène Lucrèce contre la religion : elle participe d'une approche rationnelle méthodique qui entend reconstituer la genèse des mythes, expliquer leur nature et en élucider le sens caché. Il y a bien une raison du mythe, dont l'exposé dessine dans le poème La Nature des choses un parcours original.
Lucrèce apparaît alors comme un penseur qui questionne les puissances équivoques de la conviction et en démonte les ressorts.

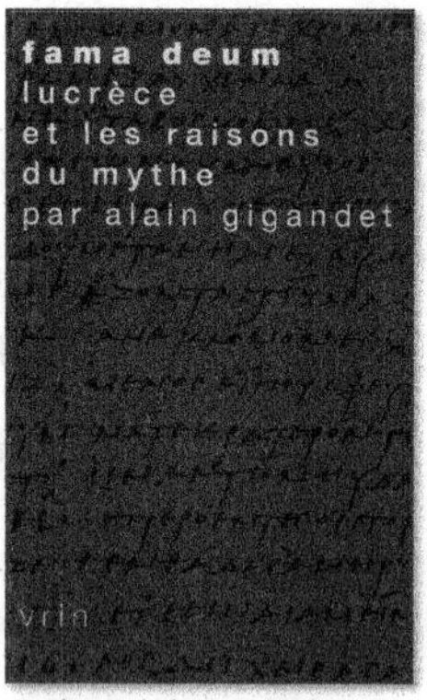

Vrin - Tradition de la pensée classique
448 p. - 13,5 x 21,5 cm - fév. 1998
ISBN 978-2-7116-1267-5, 37 €

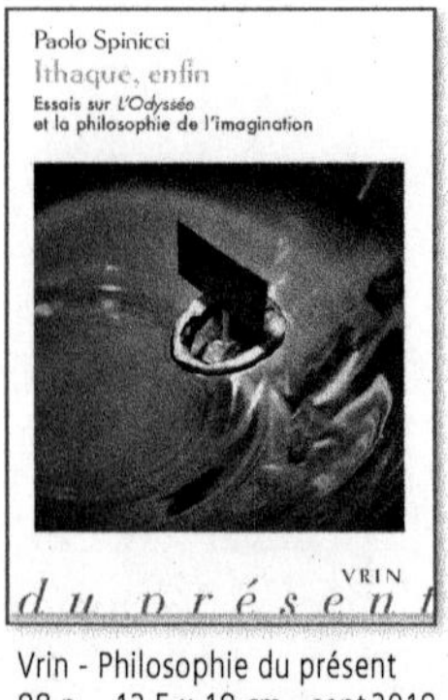

Vrin - Philosophie du présent
88 p. - 12,5 x 18 cm - sept 2018
ISBN 978-2-7116-2833-9, 13 €

Ithaque, enfin. Essais sur L'Odyssée *et la philosophie de l'imagination*
Paolo Spinicci

Paolo Spinicci engage une libre méditation sur l'odyssée d'Ulysse, selon le contraste d'un temps cyclique, image d'une origine dont on ne sort pas, et d'un temps fini orienté, reconfiguré par le récit. À l'attraction métaphysique de la Vie infinie et qui se dévore elle-même, il oppose la construction humaine d'une histoire, qui suppose autant le surmontement de l'oubli que l'acceptation de la mort. C'est ainsi à une réflexion métaphysique radicale sur le partage en nous de ce qui est humain et de ce qui ne l'est pas, menée en termes aussi simples qu'éclairés par la parole du poète, que s'adonne le philosophe italien, dans son commentaire personnel de *L'Odyssée*.

Cahiers Philosophiques

BULLETIN D'ABONNEMENT

Par courrier : complétez et retournez le bulletin d'abonnement ci-dessous à :
Librairie Philosophique J. Vrin - 6 place de la Sorbonne, 75005 Paris, France
Par mail : scannez et retournez le bulletin d'abonnement ci-dessous à : fmendes@vrin.fr
Pour commander au numéro : www.vrin.fr ou contact@vrin.fr

RÈGLEMENT

❑ France
❑ Étranger

❑ Par chèque bancaire :
à joindre à la commande à l'ordre de Librairie Philosophique J. Vrin
❑ Par virement sur le compte :
BIC : PSSTFRPPPAR
IBAN : FR28 2004 1000 0100 1963 0T02 028
❑ Par carte visa :

____ ____ ____ ____
expire le : _ _ / _ _
CVC (3 chiffres au verso) : _ _ _

Date :
Signature :

ADRESSE DE LIVRAISON

Nom
Prénom
Institution
Adresse

Ville
Code postal
Pays
Email

ADRESSE DE FACTURATION

Nom
Prénom
Institution
Adresse
Code postal
Pays

ABONNEMENT - 4 numéros par an

Titre	Tarif France	Tarif étranger	Quantité	Total
Abonnement 1 an - Particulier	42,00 €	60,00 €		
Abonnement 1 an - Institution	48,00 €	70,00 €		
			TOTAL À PAYER :	

Tarifs valables jusqu'au 31/12/2020

* Les tarifs ne comprennent pas les droits de douane, les taxes et redevance éventuelles, qui sont à la charge du destinataire à réception de son colis.

Achevé d'imprimer en janvier 2020 par *La Manufacture - Imprimeur* – 52200 Langres
Imprimé en France – N° d'imprimeur : 200040 – Dépôt légal : janvier 2020